国家社科基金西部项目"云南跨境民族地区大学生返乡就业状况调查研究"（11XSH005）资助

云南跨境民族地区大学生返乡就业研究

韦 颖◎著

Study on Employment of
Returned College Students in Cross-border
Ethnic Areas of Yunnan

科学出版社
北 京

内 容 简 介

云南跨境民族地区大学生主要指居住在云南,与越南、老挝、缅甸接壤的 8 个边境州市的大学生,包括少数民族学生和汉族学生。

云南跨境民族地区正在成为中国面向南亚、东南亚开放的前沿地带,新的发展机遇需要人力资源来实现,对这一地区大学生返乡就业进行研究具有重要意义。本书综合运用定量和定性研究方法检验了国家政策、社会支持系统、个人就业能力、职业生涯规划等变量对跨境民族地区大学生返乡就业意向的影响程度,重点关注了专业背景、学校背景、家庭背景等自然情况对跨境民族大学生返乡就业意向的不同影响,并在此基础上提出促进跨境民族大学生返乡就业的对策。

本书对高校毕业生就业相关的政府部门、高校各级管理人员、高校就业工作研究者、高校毕业生等有重要参考价值。

图书在版编目(CIP)数据

云南跨境民族地区大学生返乡就业研究 / 韦颖著. —北京:科学出版社,2018.3
　ISBN 978-7-03-052716-5

　Ⅰ. ①云… Ⅱ. ①韦… Ⅲ. ①民族地区-大学生-就业-研究-云南
Ⅳ. ①G647.38

　中国版本图书馆 CIP 数据核字(2017)第 099691 号

责任编辑:朱丽娜　刘曹芃　余训明 / 责任校对:王晓茜

责任印制:张欣秀 / 封面设计:润一文化

科 学 出 版 社 出版

北京东黄城根北街 16 号
邮政编码:100717
http://www.sciencep.com

北京东华虎彩印刷有限公司 印刷

科学出版社发行　各地新华书店经销

*

2018 年 3 月第 一 版　　开本:720×1000 B5
2018 年 3 月第一次印刷　　印张:10 3/4
字数:175 000
定价:78.00 元
(如有印装质量问题,我社负责调换)

目　　录

第一章 导 言

第一节 研 究 背 景

近年来，大学生就业问题一直是社会关注的焦点。1999 年，国家实施高校扩招政策，每年扩招的比例在不断增大。2003 年以来，扩招后的毕业生每年都以成倍的速度增加。在此大背景之下，学界对大学毕业生就业的关注逐渐增多，但多集中在解答就业难的问题上，而针对大学毕业生就业流动与区域经济发展、高等教育人才培养、人力资本的特质方面的实证研究还较少，所以，对此进行深入和系统的研究是很有必要的。

全国高等学校学生信息咨询与就业指导中心的数据[①]反映了全国大学毕业生就业流动的情况：东部地区、京津沪吸纳外地生源就业的流入量最大，而本地生源到外地就业的流出量最小。然而，西部地区吸纳外地生源的流入量最小，而本地生源到外地就业的流出量较高，这表明选择不在本地就业的西部地区生源毕业生相对较多。这些数据说明全国大学毕业生流动情况主要是向东部及京津沪等发达地区流动，而作为西部地区的云南省，大学毕业生的流动现状也大致相似。国家鼓励基层就业的政策，并没有在根本上改变云南省大学毕业生返乡就业的意向，多数毕业生仍然优先选择到东部及省外发达城市，或留在昆明及周边较发达城市就业，而不愿回到跨境民族地区工作。

云南正处于全面部署实施"桥头堡战略"、"一带一路"倡议的大好时期，云南跨境民族地区已经成为中国西南面向东南亚、南亚开放的前沿地带，因此正迎来新的发展机遇。发展机遇需要通过人力资源来实现，具有什么就业能力的人力资源更适合投身到跨境民族地区的建设中？另外，国家因为大学生就业难出台了

---

① 全国高等学校学生信息咨询与就业指导中心，北京大学教育学院. 全国高校毕业生就业状况[M]. 北京：北京大学出版社，2011.

一系列基层服务计划，这些政策对促进大学生返乡就业，特别是对跨境民族地区大学生返乡就业的作用如何？等等。笔者希望通过对这些问题的解答来促进云南跨境民族地区大学毕业生就业。通过对云南跨境民族地区大学生返乡就业进行调查研究，可以扩展边疆民族地区大学生就业途径并完善政府相关政策理论的创新视野，促进高校就业工作的深化。

第二节　研　究　意　义

一、现实意义

第一，有利于社会的和谐健康发展。作为大学生就业的重要构成内容，对云南跨境民族地区大学生就业问题的研究，有助于促进云南省整体大学生就业问题的解决。这既关系到跨境民族地区大学生的职场命运，也关系着人们对高等教育的信任，还关系到边疆民族地区社会的和谐发展。

第二，有利于国家"桥头堡战略"、"一带一路"倡议的顺利实施和云南跨境民族地区的发展。国家"桥头堡战略"和"一带一路"倡议为原处边缘地带的云南跨境民族地区成为面向东盟和西南国家开放的前沿地带，这是实现云南跨境民族地区经济社会跨越式发展、弯道超车的重要机遇。但这一发展机遇是否能够转化成现实的生产力，取决于该地区是否拥有所需要的大量优秀人才。促进跨境民族州市的大学毕业生返乡就业是满足优秀人才需求的有效方式。

第三，有利于跨境民族地区大学生的就业。通过开展各种形式的研究，发现影响跨境民族地区大学生就业的潜在因素，找到合理的途径，从政府就业政策的制定到高校合理的课程设置以及大学生自身就业力的提升来提高他们的就业率。

二、理论意义

本书是一项集社会学、高等教育学、教育经济学、民族学、经济学等学科为一体的综合研究。此研究的开展将为如何跨学科开展大学生就业研究提供一种可供参考的方法和思路。这项研究的开展也有利于在大学生就业研究中增加对特殊地区返乡就业研究的关注。目前有关大学生就业的研究比比皆是，各类期刊文献多达近万篇，相关书籍也有上百本。纵观这些文献，国际上对大学生就业问题研究的基础是把握大学生就业问题的成因，大多数研究分别从需求、供给以及供求匹配三个角度来进行。另一个重要的角度则是关于在校大学生收入预期的研究。而国内主要是针对大学生就业问题展开分析讨论以及寻找对策，分别从经济学、教育学、社会学、心理学等学科视角出发来研究：有的在全国范围内进行大学生就业调查；有的借鉴了西方有关劳动力市场分割理论来解释大学生就业；有的对大学生就业进行宏观战略预测和大学生就业能力模型的研究，等等。但是，目前有关大学生就业的研究还鲜有诸如对云南这样特殊的跨境民族地区的研究，而基于对云南跨境民族地区的历史、地理、人文、经济和国家安全等因素的考虑，以及当前国家和云南省改革开放的形势和经济全球化的趋势影响，对滇边跨境民族地区人才问题的研究不仅是一个学术问题，更是一个紧迫的政治问题。开展跨境民族地区大学生返乡就业的专题研究就是为了探究在云南省跨境民族地区社会经济建设急需人才的情况下，跨境民族地区大学生如何能更好地发挥自身的价值。

第三节 研 究 基 础

本书的中心主题是大学生返乡就业，而返乡的区域是特定的云南跨境民族地区。要很好地说明这个问题，需要了解有关大学生就业的相关研究，影响大学生就业的普遍因素，大学生就业对当地经济、文化、社会发展促进的相关研究，以及有关云南跨境民族地区的一些研究。

一、有关大学生就业研究的综述

（一）有关大学生就业的研究概况

随着高等教育改革的深化，大学生就业问题成了核心问题。高等教育大众化中最为突出的问题是人才供求状况已由昔日的卖方市场转化为今日的买方市场，毕业生就业率在逐年下降。众所周知，若某家企业产品滞销则意味着要关门破产。那么高校毕业生就业受阻，老百姓在付出高昂的教育成本后得不到回报，这些势必会使老百姓对高等教育失去信心①。因此，关注高校毕业生就业，是一个深层次的政治与社会问题。

国内学者从不同学科和视角对青年就业问题（特别是大学生就业问题）各抒己见，研究呈现了百花齐放的态势。这些文献主要是围绕着以下几个研究领域开展：①对大学生就业形势的诊断与分析；②对大学生就业状况的调查与分析；③用经济学的理论来解释和分析大学生就业；④用社会学的理论来解释和分析大学生就业；⑤用其他学科的理论来解释和分析大学生就业。

（二）对大学生就业形势的诊断与分析

随着高等教育不断改革和发展，我国结束了统招统分的时代。自主择业的来临和高校扩招政策的实施，以及近年来国际国内经济形势的变化，使大学生就业形势随之不断变化。对就业形势的判断和分析对于下一步的决策和政策的制定都有重要的意义。在这样的情况下，一批学者针对不同时期大学生就业形势的分析给了我们很多有益的指导和启示。例如，王霆、曾湘泉撰写的文章《青年就业——我国就业战略研究重点的转移》。

（三）对大学生就业状况的调查与分析

随着大学生就业形势的不断变化，大家都认为大学生就业难，但难的程度如何？难在哪里？难的原因何在？国内比较有规模、有影响的研究团队有北京大学教育经济研究所以闵维方和丁小浩两位教授为主要负责人的团队，他们承担了很多与大学生就业有关的重大项目，如国家"十五"重点课题"中国高等教育规模扩展与劳动力市场的相互作用"、国家社科基金"十一五"规划国家一般课题（教育学）"高校毕业生就业预警机制研究"、教育部人文社会科学重点研究基地重大项目"十一五期间高校毕业生就业状况及对策研究"。该团队自2003年以来每两年就在全国范围内做一次大学生就业的调查，并在此调查基础上形成了最权威的描述全国大学生就业状况的研究成果。

迄今为止，北京大学教育经济研究所于2003年、2005年、2007年、2009年和2011年进行了五次大规模的调查。问卷调查的对象是当年的应届毕业生，调查

---

① 林毓铭. 关注就业: 高等教育深化过程的核心问题[J]. 高等教育研究, 2002（3）.

时间是当年的 6 月份。每次调查都参照我国高等教育的地区结构、学校类型结构、学历结构、专业结构、性别结构等进行抽样，努力使调查样本具有较好的代表性。在发放问卷时，对每所抽样高校根据毕业生学科和学历层次按一定比例发放 500~1000 份问卷，每所高校调查数据并不能代表该校的全部毕业生，但是将全部调查高校的汇总数据作为全国高校毕业生的样本具有代表性。问卷包括高校毕业生的基本信息、求职过程、就业状况、接受高等教育状况四个部分。[①]大规模调查后所建立起的高校毕业生就业状况数据库已成为国内其他研究团体和学者做相关研究所使用的可靠数据。北京大学教育经济研究所根据他们的调查数据对近十年大学生的就业状况及走势进行了分析，主要文献有闵维方、丁小浩、文东茅、岳昌君等分别发表在各类刊物上的对 2005 年、2007 年、2009 年、2011 年高校毕业生就业状况的调查分析。[②][③]综合几年来的文献，实证研究的主要结论概括如下[④]。

第一，高校毕业生的"落实率"在 70% 左右浮动（2003 年例外），"待就业率"在 20% 以上。总体而言，学历层次越高，就业状况越好，但是学历层次之间的差异在逐步缩小，甚至出现倒挂现象，主要表现在专科生的落实率上升趋势明显。2007 年专科毕业生的落实率高出本科生 0.7 个百分点。2011 年，专科毕业生的落实率不仅高出本科生 8.0 个百分点，并且高出硕士生 1.4 个百分点。

第二，以收入衡量的就业质量呈现下降趋势。毕业生的月起薪水平增长缓慢，相对于城镇单位就业人员平均工资的起薪指数呈现显著下降趋势。从学历层次看，学历越高，起薪越高，这体现了人力资本的价值。以 2011 年为例比较各学历层次的差异，并以专科生的起薪为对照组，则本科生的起薪是专科生的 1.5 倍，硕士生是专科生的 2.2 倍，博士生是专科生的 2.8 倍。

第三，80% 以上的毕业生在大中城市就业，体现了我国经济发展以城市为重的特点。50% 以上的毕业生在企业就业，并且呈现比例不断上升的趋势，民营企业已经成为毕业生就业的最主要单位。毕业生就业的工作类型趋向多样化，表现出技术类、管理类、服务类三足鼎立的特征，而从事一线生产工作的毕业生依旧很少。

---

① 岳昌君. 高校毕业生就业状况分析：2003—2011[J]. 北京大学教育评论，2012（1）.

② 闵维方，丁小浩等. 2005 年高校毕业生就业状况的调查分析[J]. 高等教育研究，2006（1）.

③ 岳昌君，巩建闽，黄潞. 高校毕业生就业特点及其变化趋势[J]. 教育发展研究，2008（7）.

④ 岳昌君. 高校毕业生就业状况分析：2003—2011[J]. 北京大学教育评论，2012（1）.

第四，对于自己所找到的工作，大约 50%的毕业生感到满意，40%的毕业生感觉一般，感到不满意的毕业生比例在 10%左右。

第五，学校、亲朋好友、网络成为毕业生获得求职信息的"三驾马车"。

第六，毕业生的平均求职次数在 11 次以下，"待就业"者的求职努力程度并不低，存在"有业不就"的现象。高校毕业生的总求职费用稳定在 1000 多元，没有出现上升的趋势，服装费、交通费和人情费是毕业生求职的三项主要支出。

第七，离工作越"近"的因素对就业的影响越大。在各种就业影响因素中，毕业生认为工作能力、职业规划、求职技巧等与就业直接相关的因素最重要，其次是学历层次、热门专业、学校类型、学习成绩等体现高等教育状况的因素，而与社会资本、政治资本、人口特征相关的因素最不重要。

第八，毕业生在择业时最看重的是个人发展和经济收益，既向"前"看，也向"钱"看。统计结果显示出以下特点：高校毕业生把施展个人才华、体现人生价值看得最重要。在五次调查中，"发展前景好"和"利于施展个人的才干"都排在前两位，"符合自己的兴趣爱好"已经有上升的趋势，"福利待遇好"和"经济收入高"两项的排名在五次调查中都排在前列。

另外，描述全国大学生就业状况的还有目前非常著名的麦可思研究院，他们自 2009 年以来每年出版一本就业蓝皮书，收集了各类有关大学生就业方面的数据。

除此之外，由全国高等学校学生信息咨询与就业指导中心根据全国各普通高校上报给教育部的毕业生初次就业情况数据而进行的统计分析报告，如《全国高校毕业生就业状况（2009—2010）》，全面描述了近几年来我国高校毕业生的主要就业状况，梳理并阐释了有关高校毕业生的就业政策和落实进展情况，提供了大量的政策咨询依据和信息资料。

（四）关于大学生返乡就业的研究

农村生源大学生的就业问题越来越被研究者所关注，其中一个重要的研究方向就是农村生源大学生返乡就业问题研究，但总体来看现有的研究还很不成体系。大学生因为就业难开始"反弹琵琶"选择返乡就业。这种现象出现的时间还较短，虽然引起社会和学术界的关注，但现有研究不多，而且大多数有关返乡就业研究的对象是农民工,关于大学生返乡就业的文章目前找到的视角均着眼于回农村就业,并且多以调查返乡意愿为主,如《农村大学生回生源地就业意愿分析与思考——以武汉大学生为例》。有学者指出,农村生源大学生返乡就业能够缓解社会就业压力,扭转"教育致贫、读书无用"的观点在农村蔓延的情况,还可以推动农业产业升级、结构调整,使农技推广的服务领域和内容得到拓展。

当前农村生源大学生之所以不愿返乡就业既有大学生自身在就业机会、收入水平和乡土情结等方面的考虑,还存在着政府所应提供的社会保障不到位等原因。为了鼓励农村生源大学生返乡就业,必须增加教育投入和培训力度,以项目带动的方式推进,同时在就学期间对学生实施职业生涯规划教育。[1]还有学者指出,对大学生返乡就业国家政策层面鼓励不足和地方政策层面落实不到位,以及大学生自我思想认识不清晰等,使目前大学生返乡就业不能够全面有效地展开。为此,需要国家在政策制定和实施上将以人为本与提高效率相结合,地方政府应强化服务意识,转变职能定位,坚持重点扶持,优先帮扶返乡大学生就业或创业。同时高校就业指导培训要增强实践性。[2]另外有学者专门研究了农村生源大学生返乡创业问题,如《大学生新农村创业面临的困境和对策分析》[3]《新农村建设机制:大学生创业视角的哲理探析》[4]《乡村建设主体的虚空与大学生农村创业的困境》[5]《返乡创业:基于新型农民培育视角的大学生就业路径》[6]《农村籍大学生返乡就业的困境及社会支持问题研究》[7]等。以上研究均未涉及就业意向问题。与本书较为接近的是刘志侃、唐萍萍等从创业意愿角度对农村生源大学生返乡创业所进行的实证研究。该项研究基于对陕西省 10 所地方高校的 488 份调查数据,运用Logistic 模型对影响农村生源大学生返乡创业的因素进行实证分析。研究发现:地方高校农村生源大学生所在院校返乡创业教育引导机制、家乡贷款优惠程度、税收优惠程度、家庭精神支持程度、就读专业等对其是否返乡创业具有显

①　白延泉. 探析农村生源大学生返乡就业问题[J]. 黑龙江教育学院学报, 2011(9).

②　董卫强. 农村生源大学毕业生返乡就业问题探析[J]. 中国市场, 2014(12).

③　蒋乐琪. 大学生新农村创业面临的困境和对策分析[J]. 中国大学生就业, 2008(22).

④　唐朝继. 新农村建设机制:大学生创业视角的哲理探析[J]. 中南林业科技大学学报(社会科学版), 2010(4).

⑤　罗建河, 张赣萍. 乡村建设主体的虚空与大学生农村创业的困境[J]. 继续教育研究, 2010(5).

⑥　胡葆华. 返乡创业:基于新型农民培育视角的大学生就业路径[D]. 福建农林大学, 2011.

⑦　方旭. 农村籍大学生返乡就业的困境及社会支持问题研究[D]. 长春工业大学, 2011.

著影响。因此，为了进一步促进农村生源大学生返乡创业，需要从上述方面寻找改进对策。[①]

关注大学生返乡就业的新闻资讯较多。网易新闻网2010年5月4日报道："大学生回二三线城市就业，专家称体现青年理性化"；《解放日报》2010年5月13日的新闻"就业样本调查显示：外地生集体回老家找工作"；中国新闻网2010年5月14日的新闻"大城市不好混，大学生就业'返乡潮'愈演愈烈"；《京华时报》2010年10月26日的报道"逃离'北上广'，大学生返乡就业成新趋势"等。2011年3月7日《东方今报》的一则关于女研究生就业的新闻让人瞠目结舌——"北大女硕士就业连受挫，返乡跟农民工学做油漆工"。

很多专家学者认为大学生返乡就业是大学生理性思想的体现，学者夏学銮表示："在城市化的初级阶段，青年选择一线城市工作、生活，是青年理性化的表现；当一线城市人才饱和、生存压力增大时，青年从一线城市撤离到二三线城市工作、生活，也是青年理性化的表现。大学生们换一下环境对他们的健康成长来说未尝不是一件好事。广大中小城市与老百姓的生活、与人民群众、与社会实际更加贴近，对白领阶层更有需求，大学生们在这里更容易为社会做出贡献、实现自我价值。"[②]越来越多的一线城市大学生选择回乡就业，是逼于无奈，还是理性选择？学者们很有必要对他们的就业心理和工作情况做进一步深入的研究。

从国内的就业研究可以看出，研究的领域较宽：有宏观的战略分析，也有微观的因素分析；有单一学科的研究，也有多学科融合的交叉分析；有理论的研究，也有基于调查的实证分析，等等。很多研究都具有科学性、专业性和实用性，对于解决目前我国大学生就业面临的困难有着不容忽视的指导意义。

二、大学生就业问题的主要研究视角

（一）经济学的研究视角

大学生就业问题与国家的经济发展息息相关，因此，运用经济学来解释大学

---

① 刘志侃，唐萍萍. 农村生源大学生返乡创业意愿与影响因素研究——基于陕西省10所高校的调查分析[J]. 调研世界，2014（7）.

② 大学生回二三线城市就业，专家称体现青年理性化[EB/OL]. http://news.163.com/10/0504/13/65RGE D8R000146BD.html.[2010-5-4].

生就业的研究也很多，有关于人力资本理论的，有运用筛选理论来论述的，最为显著的成果是赖德胜团队以劳动力市场分割理论为分析框架的研究成果。

北京师范大学的赖德胜及其团队运用国外的劳动力市场分割理论对大学生就业难问题进行分析解释。高校实施扩招后，每年毕业学生人数增加，大学生面临着就业难的问题。但是，很多地区特别是边疆不发达地区的岗位却无人问津。针对这种情况，赖德胜引用了西方经济学中有关就业的劳动力市场分割理论来解释。[①]他认为我国是一个转型的发展中国家，由于经济发展水平、制度设计等因素，我国的劳动力市场远非完全竞争和统一，而是分割为一个个异质的子市场。城乡劳动力市场分割，不同地区、不同行业之间的劳动力市场分割，构成了当前我国劳动力市场的一个主要特征。从不同劳动力市场的基本状况来看，这些市场大致可以分为主要劳动力市场和次要劳动力市场两类：主要劳动力市场，工资高、工作环境好、就业稳定、可以享受社会保障，并有较多的培训和晋升机会；而次要劳动力市场，工资低、工作条件差、就业变动性大，并且培训和晋升机会少于主要劳动力市场。由于劳动力市场分割的存在，劳动力在不同的劳动力市场之间流动时，往往需要跨越各种制度障碍，工作转换成本很高。很高的工作转换成本无疑会减少大学毕业生的工作转换次数，提高其保留工资，因为他一旦接受某个工作，尤其是次要劳动力市场的工作，则有可能会被"固化"在那里。从终身收益考虑，他自然希望自己工作的起点工资越高越好。因此，许多大学生把东部地区和大城市视为自己就业的首选目标，并且宁愿短暂地忍受失业以等待这些地区的就业机会，也不到西部和农村工作。[②]

赖德胜及其团队运用该理论做了一系列的研究，包括赖德胜、孟大虎对中国大学毕业生失业问题的研究，他们从人力资本投资风险与大学生就业选择、社会资本与大学生就业、工作搜寻与大学生就业、劳动力市场分割与大学生失业、教育扩展与知识失业等视角来分析大学生失业。他们认为大学生失业在高等教育快速发展中不可避免，是体制改革深化的表现，是体制改革未到位的结果，是就业观念没有契合时代的表现；并提出要理性面对大学生失业现象，大学生失业现象

① 赖德胜. 劳动力市场分割与大学毕业生失业[J]. 北京师范大学学报（人文社会科学版），2001（4）;赖德胜. 教育、劳动力市场与收入分配[J]. 经济研究，1998（5）;赖德胜. 教育与收入分配[M]. 北京：北京师范大学出版社，2001.

② 赖德胜，田永坡. 当前大学生就业难的成因和政策选择[J]. 红旗文稿，2009（7）.

并没有降低大学教育收益率。[1]吴克明、赖德胜认为大学生自愿性失业是一种不满足于已有的工作机会而继续寻找工作的失业现象。从二元劳动力市场理论、职业搜寻理论和保留工资理论的角度分析，大学生自愿性失业其实是一种理性选择。解决自愿性失业问题，应更多地发挥市场机制的作用，打破劳动力市场的分割，从而使大学生自觉主动地调整就业期望值。[2]之后，很多学者开展了较多有关劳动力市场分割理论与大学生就业的研究，但是在主要观点上没有太大的突破。

然而，姚先国等认为西方劳动力市场分割理论以成熟的发达国家为研究对象，这种分析对于解释发育相对完善的劳动力市场的分割，是有说服力的。但是中国的劳动力市场发育还很不成熟，正处于新旧两种体制转轨的过程中，劳动力市场分割的成因和表现形式非常复杂，不仅存在由于产业结构、技术进步、企业组织形态等带来的市场性分割，更为本质的是一种体制性和制度性分割。而且这种制度性分割和西方国家劳动力市场的制度性分割又有很大的不同，其制度安排是国家在经济发展过程中为实现其特定目标而人为采取的一系列政策。因此，在分析中国劳动力市场分割时需要在借鉴、发展西方分割理论的同时，对分割的制度因素做进一步的分析。[3]曾湘泉也认为国外对大学生就业研究分析的框架，是建立在成熟劳动力市场基础上的。中国的社会经济环境不同于发达国家的成熟市场经济，目前仍然处于从计划经济体制向市场经济体制过渡的制度变迁时期，有其自身的独特性。因此，仅仅从市场需求、供给、供求匹配和收入预期的角度分析中国大学生的就业问题是不完善的，而必须从制度和市场两个方面对中国大学生就业问题做出研究，以得出适合解决中国大学生就业问题的政策建议。他提出从变革中的就业环境角度，特别是从用人单位需求的角度来研究和探讨中国的大学生就业问题更为科学。[4]

（二）社会学的研究视角

大学生就业问题是一个综合的社会问题，从社会学的视角来诠释也是当前关

① 赖德胜，孟大虎. 中国大学毕业生失业问题研究[M]. 北京：中国劳动社会保障出版社，2008.
② 吴克明，赖德胜. 大学生自愿性失业的经济学分析[J]. 高等教育研究，2004（4）.
③ 姚先国，黎煦. 劳动力市场分割——一个文献综述[J]. 渤海大学学报（哲学社会科学版），2005（1）.
④ 曾湘泉. 变革中的就业环境与中国大学生就业[J]. 经济研究，2004（6）.

于大学生就业研究的热点之一。比如，用社会分层理论、文化符号的理论以及社会资本理论、社会流动等理论来解释分析成果。

在研究大学生就业中，北京大学教育经济研究所在对大学生就业状况的调查中发现，随着调查的推进，社会资本所起的作用在逐年凸显[①]。赖德胜、孟大虎也曾设专题讨论过"社会资本与大学生就业"，学者陈成文、徐晓军等也从不同的角度研究社会资本对大学生就业的影响。

社会资本与大学生就业效用的相关性分析，基本上可以划分为两种思路：第一种是用家庭社会经济地位指标来表征社会资本，研究社会资本与大学生就业的关系；第二种是分析社会关系网络及其差异性对就业的不同影响。个体的网络差异性有三个维度：网络关系强度的差异、网络中垂直地位上的差异、网络中水平位置上的差异。从现有研究来看，关系强度对大学生就业的作用是研究关注的重点。不同研究者遵循两种不同的思路来探讨社会资本与就业意向、工作落实情况的相关性。

第一，社会资本与就业意向的相关性分析。李黎明、张顺国对西部两所高校的问卷调查表明：就单位选择而言，家庭的经济收入均具有显著的负面影响；父亲的学历对子女的地域选择影响显著，父亲学历越高，其子女越倾向于选择沿海发达城市就业；家庭的经济收入水平越高，父亲的受教育水平越高，子女对其毕业月薪期望值越高[②]。郑洁的研究认为，家庭社会经济地位更高的大学生毕业后选择就业的可能性更小，在就业意向上更加偏好企业单位，月薪期望也越高[③]。尉建文认为父母的社会资本对于大学生"从政"意愿影响显著，家庭社会网络异质性越大，大学生继续深造的意愿越高[④]。

第二，就业过程中的社会资本效用。就业过程中社会资本的效用主要包括社会资本对就业机会、职业收入、单位类型、工作满意度等方面的影响。目前比较一致的结论是社会资本与大学生就业存在高相关，但部分研究者的实证调查对这一结论提出了疑问。

---

① 杜桂英，岳昌君. 高校毕业生就业机会的影响因素研究[J]. 中国高教研究，2010（11）.

② 李黎明，张顺国. 影响高校大学生职业选择的因素分析——基于社会资本和人力资本的双重因素[J]. 社会，2008（28）.

③ 郑洁. 家庭社会经济地位与大学生就业——一个社会资本的视角[J]. 北京师范大学学报（社会科学版）. 2004（3）.

④ 尉建文. 父母的社会地位与社会资本——家庭因素对大学生就业意愿的影响[J]. 青年研究，2009（2）.

北京师范大学"我国大学生就业问题研究"课题组于 2002 年对全国 14 个省市 5990 名高校毕业生的调查显示，在工作落实的重要原因中，社会关系排在第二位。王大成、张娴初通过对山东大学各专业 2010 届本科学生进行的电话调查得出，社会关系网络渠道与就业过程绩效、结果绩效存在显著正相关关系。回归分析结果表明，社会关系网络渠道对就业绩效的贡献程度位列第二。[①]

郑洁的研究发现，家庭社会经济地位越高，毕业生在初次就业时落实工作单位的可能性越大，在社会资本因素的作用下，落实单位的概率接近于未落实单位概率的两倍。[②]

从社会关系网络及其差异性对就业的影响出发，钟云华的问卷调查显示，关系强度对大学生获得就业机会的影响不同。从总体上来看，强关系更有助于就业机会的获得。[③]陈海平对长沙、湘潭、株洲三市本专科高校的调查数据进行回归分析得出，强关系主要对其收入水平产生影响，弱关系对于高校毕业生的职业声望有积极作用[④]。谢勇、赵亚普则认为社会资本尤其是以人情为代表的"强关系"对于体制内就业仍然具有重要影响[⑤]。郑晓涛、李旭旦等以上海某高校的 175 名应届毕业生为调查对象发现，在通过关系获取工作的大学生中，强联系越多，网络资源跨度越大，收入水平也越高[⑥]。康小明从网络的高度、广泛度、声望幅度三个层面，研究了高等教育阶段积累的社会资本与其进入劳动力市场第 1 年和第 3 年时的年薪收入水平以及进入劳动力市场第 3 年时的职位等级之间的关系，研究发现，社会资本对两者存在显著的正向影响[⑦]。

但也有实证调查发现，社会资本对于大学生求职的效用不显著。谢勇、赵亚普使用南京市部分高校的微观调查数据发现，家庭的收入水平及家庭所在地等社会资本因素与大学生的就业概率之间均不存在显著关系。胡永远等也证实了家庭

---

① 王大成，张娴初. 大学生就业信息渠道与就业绩效关系的实证分析[J]. 现代教育管理，2010（10）.

② 郑洁. 家庭社会经济地位与大学生就业——家庭因素对大学生就业意愿的影响[J]. 北京师范大学学报（社会科学版），2004（3）.

③ 钟云华. 强弱关系对大学生求职影响的实证分析[J]. 青年研究，2007（12）.

④ 陈海平. 人力资本、社会资本与高校毕业生就业[J]. 青年研究，2005（11）.

⑤ 谢勇，赵亚普. 人力资本、社会资本与大学生就业的实证研究——以南京市部分高校为例[J]. 南方人口，2009（3）.

⑥ 郑晓涛，李旭旦，相正求. 社会资本和人力资本对大学生就业的影响[J]. 高等教育研究，2006（8）.

⑦ 康小明. 社会资本对高等教育毕业生职业发展成就的影响与作用——基于北京大学经济管理类毕业生的实证研究[J]. 清华大学教育研究，2006（6）.

所在地为"城市"，父母文化程度为"大专以上"，父母职业为"干部""专业技术人员""经理"等多项社会资本变量对就业没有显著影响。相反，非社会资本因素是影响就业和初始工资的决定性因素。[①]

薛在兴对现有研究结论的差异做了多角度分析，其中两点分析值得注意：一是现有大部分研究"调查的样本量过小，且局限于一个学校，甚至一个专业，样本缺乏足够的代表性，调查结果受抽样偏差的影响"；二是"社会资本对就业的影响受到多种已知和未知因素的影响，在不能完全控制这些干扰因素的情况下，无法得出一致的结论"。[②]

（三）其他学科的研究视角

其他还有一些机构和学者的研究，如由全国高等学校学生信息咨询与就业指导中心大学生就业研究所和中央财经大学统计学院合作完成的《2011 年中国大学生就业状况（首选）调查报告》对 2011 年大学生就业率、满意度、选择职业的理性等方面进行了分析，并就调查结果提出了对策和建议[③]。也有对某区域内大学生就业情况的调查和分析，如针对江西[④]、新疆[⑤]、西北[⑥]等地区的调查和对策研究。还有就是对某一群体的就业状况的调查研究，如对女性、贫困学生、少数民族等群体大学生就业的研究[⑦]。还有一些专题研究，如对影响广州市大学毕业生起薪的教育因素分析调查[⑧]。随着研究的深入，学者们已不满足于仅仅从单一学科视角去研究大学生就业，大学生就业是一个综合了社会各因素的问题，部分学者开始以多学科的研究视角和综合分析方法来解释大学生就业问题。比如，从多学科视角提出一个多元逻辑分析框架对实现高校毕业生充分就业的路径进行分析。[⑨]

① 胡永远，马霖，刘智勇. 个人社会资本对大学生就业市场的影响[J]. 中国人口科学，2007（6）.
② 薛在兴. 社会资本与大学生就业研究述评[J]. 中国青年研究，2009（11）.
③ 王洋. 2011 年中国大学生就业状况（首选）调查报告[J]. 中国大学生就业，2011（12）.
④ 陈斌，余文婷，董睿. 江西省高校大学生就业状况分析与对策研究[J]. 出国与就业（就业版），2011（10）.
⑤ 陈小昆. 新疆少数民族大学生就业状况调查分析[J]. 新疆财经，2011（3）.
⑥ 汪子云. 西北地区少数民族大学生就业状况与对策探析[J]. 中央民族大学学报（哲学社会科学版），2012（4）.
⑦ 杨树亮，刘烨. 河南省贫困女大学生就业状况调查分析[J]. 沿海企业与科技，2009（7）.
⑧ 郝登峰，周琦. 近十年影响广州市大学毕业生起薪的教育因素分析[J]. 高等教育研究，2011（10）.
⑨ 宋专茂. 多学科视角下实现高校毕业生充分就业的路径分析[J]. 黑龙江高教研究，2012（1）.

三、有关跨境民族地区问题的相关研究

通过在中国期刊网检索"跨境民族"及"跨境民族地区"关键词，搜索到二十多篇相关文章，这些文章主要涉及关于跨境民族研究和有关跨境民族地区的社会经济形态、民族教育状况、国家安全、宗教渗透、对外开放及人口非法流动等内容。

（一）有关跨境民族的研究

有关跨境民族的研究主要有：对跨境民族概念的界定、对跨境民族特征的研究、对跨境民族研究不同时期主题的探讨以及对跨境民族研究的特点和研究方法的探讨。学者们对跨境民族概念的界定主要是围绕着其与跨界民族、跨国民族概念的争论和辨析而展开的。金春子和王建民认为："跨界民族是指由于长期的历史发展而形成的，分别在两个或多个现代国家中居住的同一民族。"[1]朱宁则认为："事实上，跨界民族或跨境民族的含义是基本相同的，前者为边界两侧，后者为边境内外，从总的概念来说并无二致。重要的是，不论称之为'跨界民族'还是'跨境民族'，其差异不在于'界'或者'境'。冠以'跨界'或者'跨境'，着重点是这些民族在分布上的特点，以及与分布于'内地'民族之间的不同特点和差别。"[2]中国社会科学院的曹兴认为：跨界民族是那些原来民族和其传统聚居地都被分割在不同国家内而在地域上相连并拥有民族聚居地的民族。跨界民族和跨境民族的根本区别不是跨界而居，而是主动跨境还是被动跨界的区别。跨界民族是被动（被不同国家政治力量）分割的结果，跨境民族是主动临时性的移民或长期移民的产物。跨界民族问题是原来同一民族及其聚居地被国家政治分割的外在动力与民族传统文化的感召力及民族自身利益的驱动等内在动力交互作用的结果。这两种社会力量相互作用就造成了跨界民族问题和跨境民族问题。[3]而兰州大学的马曼丽教授在其出版的专著《中亚研究：中亚与中国同源跨国民族卷》中则明确主张使用"跨国民族"。她认为：用"跨国民族"一词，似比跨境民族更有概括力，而且更为确切。因为同源民族虽一般较多处在相邻地区，但随着现代社会的发展与流动性加大，并不一定都在毗邻国家，更不一定都在毗邻地区。用跨境与跨界民族指称，有时不能反映这类民族的

---

① 金春子，王建民. 中国跨界民族[M]. 北京：民族出版社，1994.

② 何明鹏. 边疆治理视野中的跨界民族问题研究——以西南边疆跨界民族为研究对象[D]. 云南大学，2009.

③ 曹兴. 论跨界民族问题与跨境民族问题的区别[J]. 中南民族大学学报（人文社会科学版），2004（2）.

全貌。^①云南大学的方铁先生认为："中国的跨境民族大致可分为'跨境民族'（狭义）与'亲缘民族'两种基本类型。所谓'跨境民族'（狭义），指居住在中国和邻国的同一民族，最早居住在同一地区，以后由于迁徙和国界变动等原因分别居住在两个或两个以上的国家，但目前主要分布区域仍然相连或相邻，语言和文化基本相同者，可称为中国及其邻国的'跨境民族'（狭义）。至于'亲缘民族'，则指在中国及邻国的一些具有共同族源关系，但目前对其是否为同一民族尚有异议的民族群体。这些民族有共同的族源关系，以后因迁徙或国界变动等原因，其中主要的部分逐渐向不同的方向发展，并产生了明显的差异，其整体目前是否为同一民族，其成员以及相关研究者持有不同看法者，可称为中国与邻国的'亲缘民族'。"^②中国社会科学院的葛公尚研究员赞同方铁先生关于广义和狭义跨境民族的分法。^③

　　本书主要着眼于跨境民族地区的大学生就业问题，跨境民族地区只是一个地域的设定。正如云南省社会科学院刘稚等认为的那样：民族是人们在历史上形成的一种具有共同语言、共同地域、共同经济生活以及表现于共同民族文化特点上的共同心理素质的稳定的人类共同体。而跨境民族作为一种特殊的民族现象，除具有上述的民族基本特征外，在地理分布上还有一个重要的特征——跨国境而居，由此决定了构成跨境民族的三个基本要素：第一，必须是在历史上形成的同一民族；第二，同一民族的人们居住在两个或两个以上的国家；第三，分布地域相互毗邻。由此，本书的跨境民族就是指分布在两个或两个以上国家并沿国境线相邻而居的同一民族^④。

（二）有关跨境民族地区问题的研究

　　跨境民族的存在是跨境民族地区问题产生的前提和基础，跨境民族地区问题是由跨境民族的特殊性引起的，没有跨境民族就没有跨境民族问题可言。关于跨境民族地区问题的研究成果很多，主要围绕以下几个方面：对跨境民族地区社会经济发展的研究；对跨境民族地区问题诱发危及国家安全的研究；

① 马曼丽. 中亚研究：中亚与中国同源跨国民族卷[M]. 北京：民族出版社，1995.

② 方铁. 云南跨境民族的分布、来源及其特点[J]. 广西民族大学学报（哲学社会科学版），2007（5）.

③ 葛公尚. 当代国际政治与跨界民族研究[M]. 北京：民族出版社，2006.

④ 刘稚，申旭. 论云南跨境民族研究[J]. 云南社会科学，1989（1）.

对跨境民族地区民族教育的研究。

云南地处我国的西南边疆，与缅甸、老挝、越南三国接壤，与泰国临近。国境线长达 4060 千米，是我国从陆路通向东南亚进入太平洋和印度洋的重要门户，战略地位十分重要。其中，中缅边界（云南段）长 1997 千米，境内为我国怒江、保山、德宏、临沧、普洱、西双版纳 6 个州市的 19 个沿边县市，境外为缅甸克钦邦和掸邦；中老边界（云南段）长 710 千米，境内为我国西双版纳傣族自治州勐腊县、普洱市江城县，境外为老挝南塔、乌多姆赛、丰沙里 3 省；中越边界（云南段）长 1353 千米，境内为我国江城、绿春、金平、河口、马关、麻栗坡、富宁七县，境外为越南莱州、老街、河江 3 省。

在漫长的滇边国境线上，有 16 个民族跨境而居，他们是壮族、傣族、布依族、苗族、瑶族、彝族、哈尼族、景颇族、傈僳族、拉祜族、怒族、阿昌族、独龙族、佤族、布朗族和德昂族。此外，在我国尚未被确认为单一民族的克木人也跨境而居。全国有 31 个跨境民族，云南跨境民族占了一半，而且云南也是世界上跨境民族分布最为集中和广泛的地区之一，因而对该地区研究的意义非同一般。

跨境民族地区在云南省乃至全国有着不可忽视的意义。云南省地处与邻国毗连区域的县市，面积约占云南省总面积的 23.47%，共有 8 个州市、25 个边境县市。除腾冲、龙陵、镇康 3 县以外，其余县市均为民族自治地方。从人口上看，居住在云南边境诸县市的少数民族人口约有 350 万，约占当地总人口数的 60%，其中跨境民族人口占当地少数民族人口数的 98% 以上。[①]从民族的种类看，云南省有 26 个民族，其中跨境民族占民族种类的 62%，如果按方铁先生包含亲缘民族的广义跨境民族来算的话，比例还更高。因此，这一地带的稳定与发展对云南省乃至全国的稳定和发展都具有不可忽视的意义。

1. 对跨境民族地区社会经济发展的研究

云南跨境民族地区几乎都是中华人民共和国成立初期从原始农耕社会直接过渡到社会主义社会的。其社会、经济、文化等方面的发展都处于较落后的状况。从 2008 年的数据看，云南省 8 个边境州市的 GDP 为 504.9 亿元，仅占全省 GDP 的 8.9%，在 25 个边境县市中，有 17 个国家和省扶贫开发重点县，有近 60 万人

---

① 方铁. 云南跨境民族的分布、来源及其特点[J]. 广西民族大学学报（哲学社会科学版），2007（5）.

收入在绝对贫困线以下，平均财政自给率仅为 30% 左右。在这里，布朗族、拉祜族、佤族、傈僳族等贫困人口占总人口的 70% 以上，独龙族高达 90% 以上。云南跨境民族地区既是贫困人口较为集中、贫困程度较深、扶贫难度较大的地区，又是政治、民族、宗教、生态等方面非常敏感的地区。

研究跨境民族地区问题的专家刘稚等对此有过详尽的论述，他们首先分析了云南特殊的地理、人口及民族分布情况，认为跨境民族聚居的边疆地区，是我国国防的第一线，战略地位十分重要。要搞好改革开放和社会主义建设，必须有一个安定团结的政治局面，必须有一个和平的国际环境和安全可靠的边防。[①]另外，由于与境外民族相邻而居，还有一个谁影响谁的问题。要显示我国社会主义制度的优越性，就需要加速发展跨境民族地区的经济、文化。但是，跨境民族边疆地区的社会发展与内地的差距很大且正在被拉大。这种态势形成与发展的原因之一，就是民族、边疆地区的许多有利条件和潜在优势没有得到充分的利用和发挥。

刘稚等专家分析了云南跨境民族地区拥有丰富的自然资源，如矿产资源、水利资源、森林资源、生物资源和旅游资源等，同时也具有对外开放优越的地理条件。跨境民族是云南跨境民族地区经济振兴的一个有利因素。如果能从众多民族跨境而居这一特点出发来考虑问题，进而制定边疆民族地区的发展战略，将对振兴云南民族边疆地区的经济大有裨益。

学者郭德君对跨境民族地区的社会发展也提出了自己的见解，他认为边疆跨境民族地区的经济发展和发达地区相比还处在一个比较低的层次，这种巨大差距所反映出的内容绝不仅仅是单纯经济增长数量的差别，也反映了与经济基础密切相关的人的行为方式、文化理念上的巨大差距。由于文化因素对经济基础有能动的反作用，落后的文化肯定对当地的经济发展有制约作用。因此，他认为：边疆跨境民族地区文化发展战略的合理选择对当地经济建设有着重要的影响作用，合理的文化发展战略是边疆跨境民族地区经济发展文化层面的可靠保障。否则，边疆跨境民族可能在汹涌的外来文化中丧失自我，从而出现价值迷失或出现严重的文化保守主义而使自己的民族文化消亡等，而且这与我国边疆社会的稳定密切相关，它其实涵盖了政治、经济、文化等多方面的内容。[②]

---

① 刘稚，申旭. 论云南跨境民族研究[J]. 云南社会科学，1989（1）.
② 郭德君. 转型时期我国边疆跨境民族地区经济发展的文化反思[J]. 消费导刊，2007（10）.

2. 对跨境民族地区问题诱发危及国家安全的研究

云南跨境民族地区由于其特殊的地理位置和跨境民族的特点，成为一个较为敏感的区域。常出现的问题有：国家凝聚力和民族向心力之间的矛盾；邻国跨境民族相互声援造成地缘政治不稳定；宗教渗透、人口非法流动诱发的国家安全问题，等等。

这些研究中有以罗秉森主持的课题组开展的"云南跨境民族问题与国家安全研究"，该课题结合当前国际国内形势，以云南跨境民族问题与国家安全为研究对象开展考察研究分析，在总结历史上民族问题的基础上分析和探讨影响跨境民族地区稳定的问题和潜在隐患，并提出妥善处理跨境民族问题的建议。[①]

3. 对跨境民族地区民族教育的研究

在跨境民族及跨境民族地区问题的研究中，多是以民族学、人类学及政治学的学科视角来阐释的。然而，近几年出现另一个视角来观察和研究跨境民族地区问题，这就是教育学视角。这些研究的主要代表有何跃和李劲松两位教授。他们虽然都是以教育学作为研究的基础，但研究的方向又各不相同。何跃教授主要关注跨境民族教育，而李劲松教授主要关注义务教育和文化认同。

四、边疆民族地区人力资源问题研究的综述

本书主要针对云南跨境民族地区大学生就业问题，在检索文献时考虑到"跨境民族地区"常与"边疆（少数）民族地区""边境（少数）民族地区"通用，因此，检索中可以将"跨境民族地区"变换为"边疆（少数）民族地区""边境（少数）民族地区"。另外，大学生作为人力资源中最具增值潜力的人力资源，如果有涉及以上这些地区的人力资源研究也会对我们进一步研究该地区的大学生就业有所借鉴。鉴于以上两方面考虑，笔者通过检索"边疆（少数）民族地区""边境（少数）民族地区""人力资源"，搜索到十多篇相关文章。在这些文章中最有代表性的是以杨林教授为首的团队的研究成果。他们的研究主要从以下几个方面进行了论述。

---

① 罗秉森，莫关耀，杨斌等. 云南跨境民族问题与国家安全研究[J]. 云南高等公安专科学校学报，2002（4）.

（一）人力资源对边疆民族地区社会发展重要性的论述

首先，课题组在综合了我国学术界对人力资源这一术语多种理解的基础上，认为人力资源是人类所具有的体力和脑力的总和，是一种具有主观能动性的活的资源。人力作为一种资源，其本身不仅具有价值性，而且在经济活动中能够带来新价值；人力作为人口的基本特征之一，它的计量应以一定的时间和空间作为统计范围，即我们通常所说的人力资源具有地域性，会受到时间和空间的约束①。

20 世纪 50～60 年代，人力资本理论的经济学家们逐渐发现：在推动经济发展的两大生产资本要素（物质资本和人力资本）中，人力资本发挥的作用更大。我国边疆少数民族地区作为欠发达地区，其经济发展缓慢的最大障碍来自人口增长快、人力资本短缺和人才配置的不合理，这导致缓解贫困的低效率和经济增长的低速度。②在文章《云南人力资源开发与全面建设小康社会》中他们明确指出：在分析云南基本省情和社会主要矛盾的基础上……实现全面建设小康社会目标的关键是大力解放和发展社会生产力。在生产力发展的诸因素中，人是最基本的因素之一。一个国家或地区的人力资源状态，对于充分有效地利用物质资源，实现经济增长，都是极为重要的条件。因此，重视人力资源开发在云南经济发展中的作用和地位，特别是重视贫困地区的人力资源开发投资，无疑是云南省全面建设小康社会所必须解决的问题。③

（二）边疆民族地区人力资源现状的描述

一些研究表明，目前云南省的人力资源的现状大致呈现以下特点。

第一，人口数量增长过快，人力资源数量既多又缺。云南省人口数量在全国各省（自治区、直辖市）中居第 10 位左右，居西部第 3 位，人口自然增长率居全国第 4 位。另外，一些研究分析得出：人口数量过快增长导致人力资源数量既多又缺，一方面为云南省的潜在人力资源提供了保障，另一方面又与资源、环境、经济等形成了矛盾，人口数量的过快增长造成了资源紧缺、生态破坏和环境污染等一系列问题。

---

① 张俊，杨林. 云南人力资源开发与全面建设小康社会[J]. 经济问题探索，2007（1）.

② 杨林，利经纬. 现代人力资本理论视野：边疆少数民族地区人力资源开发途径[J]. 云南师范大学学报（哲学社会科学版），2007（1）.

③ 张俊，杨林. 云南人力资源开发与全面建设小康社会[J]. 经济问题探索，2007（1）.

第二，人力资源质量不容乐观。与人口文化素质总体水平偏低的情况一致，云南省人力资源的文化教育水平偏低。近年来，云南省各种文化程度的人口都有不同程度的增长，高中、初中学历人口数量都有所上升，但接受过高等教育的人仍很少。所以，云南省面临着人口素质较低的沉重压力与社会经济快速发展所需要的高素质人才短缺的矛盾。

第三，人力资源结构不合理。首先，空间结构不合理。劳动适龄人口在区域间的分布不均衡。如果以哀牢山为界把全省分为东西两大部分，人力资源呈现出东多西少的态势。人力资源集中分布于昆明、曲靖、红河和昭通等东部地区，具有聚集性的特点，从而出现分布上的不平衡。但在红河、昭通等这些经济欠发达地区，就业岗位少，存在着人力资源过剩、就业形势严峻的情况。云南省人力资源的城乡差异是自然、经济、社会、历史及行政建制的变化共同作用的结果，其中经济发展水平仍是决定城乡人力资源构成的基本原因。因此，人力资源城乡构成的数量差异，特别是乡村人力资源比例过重及区域差异大的问题已经成为影响云南省各个地区经济发展的重要问题。其次，人力资源城乡结构中从事第一产业的比重较大，达到60.6%，比全国高10.6个百分点；二、三产业的从业人力资源的比重偏低，平均比全国低9个百分点。这与边疆少数民族地区丰富的自然物质资源形成鲜明的反差，反映了边疆少数民族地区以农业为主，工业化发展水平还处于低级阶段的产业形态。这样的配置使大量的人力资源投入到低产值的农业中，造成经济发展的动力不足。[①]

（三）边疆民族地区人力资源开发的思考[②]

人力资源开发是转变经济增长方式的重要途径之一，并日益为当今世界各国普遍重视，它在一定意义上决定了一个地区经济发展的速度和后劲。地处经济欠发达的西部少数民族地区，为缩小与其他发达地区的差距，可以通过一些途径更充分地发挥人力资源在其经济发展中的作用，如：①引入利益诱导机制，有效控制人口增长；②以职业教育和基础教育为重点，大力发展教育事业，构建终身教育体系；③实行人才引进与本土人才开发相结合的政策；④发挥边境优势，组织人力资源跨境合作开发。

① 张俊，杨林. 云南人力资源开发与全面建设小康社会[J]. 经济问题探索，2007（1）.
② 杨林，武友德，骆华松等. 西部少数民族地区人力资源评价及开发研究[J]. 经济研究，2009（10）.

综上所述，从有关边疆民族地区人力资源问题的研究中得出，对于地处经济欠发达的西部少数民族地区而言，充分发挥人力资源在其经济发展中的作用是最好的缩小与其他发达地区差距的路径。而边疆少数民族地区人口基数大，增长快，人力资本存量低，结构不合理，高素质的人才少且不断流出，这使得边疆少数民族地区与全国尤其是发达地区之间的知识差距继续拉大。[①] "两极化"矛盾现象并存突出：一方面，边疆少数民族地区人力资本流动困难，人力资源的作用没有得到最充分的发挥，造成人才浪费；另一方面，边疆少数民族地区的大量人才流向东部、中部地区，出现了"孔雀东南飞"的现象，而且这种流失现象日益严重，造成人才短缺。[②]这一部分文献研究说明一个问题：边疆地区需要高素质的人才去建设，而高素质人才最集中的人群就是大学生群体，那该地区大学生的返乡就业状况如何？

（四）边疆民族地区高校毕业生就业问题研究

经过文献检索，有关边疆民族地区就业问题的研究数量总体而言比较有限。史瑞、杨志银在其撰写的《金融危机背景下边疆地区就业问题研究》一文中分析了金融危机对实体经济影响不断深入，我国就业压力突显，边疆的就业问题也表现出了与以往不同的新形势，促进就业再就业存在许多问题。[③]这篇文章虽然提及大学生就业，但没有深度论述，也没形成专题研究。同时，虽然涉及边境地区，但没有就边境地区的特殊地域性进行论述。

在现有边疆民族地区就业问题的有限研究文献中，比较而言，有关边疆地区少数民族大学生就业方面的文章较多，大约有 90 篇。这些文章大概分为以下几个专题：少数民族大学生就业状况的调查研究，或者对某一少数民族特殊大学生的研究，如对少数民族女大学生的研究[④]；关于少数民族大学生职业价值观调查与分析[⑤]；加强对少数民族大学生就业辅导的研究，以及近几年有关民族学生创业教育和创业的研究。

---

① 杨林，利经纬. 现代人力资本理论视野：边疆少数民族地区人力资源开发途径[J]. 云南师范大学学报（哲学社会科学版），2007（1）.

② 杨林，屠年松，常志有. 边疆少数民族地区人力资源开发的障碍分析[J]. 学术探索，2007（2）.

③ 史瑞，杨志银. 金融危机背景下边疆地区就业问题研究[J]. 时代金融，2010（1）.

④ 萨茹拉，曹仁祥. 少数民族女性大学生就业问题探索[J]. 民族教育研究，2006（1）.

⑤ 王金梅. 云南少数民族大学生职业价值观调查与分析[J]. 北京青年政治学院学报，2003（1）.

在这些研究当中，最为突出的是对新疆高校毕业生就业群体的关注。綦群高等人主持了 2005 年国家社科基金项目"新疆少数民族大学生就业问题研究"（05XMZ011）的专题研究[①]。他们分别从新疆少数民族大学毕业生的调查分析入手，对少数民族大学生就业过程中的政府责任进行了论述。研究提出新疆少数民族大学生市场化就业的基础十分薄弱，转换就业机制还具有相当难度，在今后一个时期内，中央政府和地方各级政府很大程度上仍需要起主导作用，采取各种措施促进就业。[②]同时，他们还就高校应加强和改进少数民族大学生就业指导与培训进行了专题研究[③]，最后形成了对新疆少数民族大学生就业的对策研究。研究认为，现阶段解决新疆少数民族大学生就业问题，必须坚持以市场为导向，充分发挥市场和政府两方面的积极性，形成国家、社会、学校和大学生本人良性互动的就业体制与机制。[④]他们的研究与曾湘泉在文章《变革中的就业环境与中国大学生就业》中的结论是一致的。帕孜来·马合木提、郭建伟针对新疆少数民族大学生就业意向进行了实证分析，当前新疆少数民族大学生就业意向的现状是所学专业就业的悲观态度、职业目标的模糊迷茫、职业求稳定的心态、缺乏走出去的自信和勇气等。如此现状的主要诱发因素是基础知识薄弱、汉语水平不高、学校就业指导乏力、就业意识淡薄。这需要转变学生就业观念，扩大就业空间，增强大学生自身的学习主动性，各级相关部门加强政策引导，实施就业指导。[⑤]刘静则对新疆高校大学生就业意向进行了较为专业的研究，在对当前大学生就业意向进行一般性概括的基础上，认为新疆高校毕业生普遍认为当前就业形势比较严峻。[⑥]多数大学生倾向中心城市和政府事业单位，农村就业意向或基层就业意向偏低，最低薪酬预期较高，但与此同时却对想要从事的职业不甚了解，缺乏明确的职业规划。影响新疆大学生就业意向的社会客观原因主要有普遍的社会价值取向、新疆具体区情以及高校自身因素，而主要的主观因素包括大学生自身综合素质的欠缺、择业观念的滞后以及诚信意识的不足。因此，除政府发挥宏观调控职能、

① 綦群高，杜惠敏. 新疆少数民族大学毕业生就业问题调查分析[J]. 新疆社科论坛，2006（6）.
② 綦群高，贾友军. 论促进新疆少数民族大学生就业的政府责任[J]. 教育与职业，2007（5）.
③ 綦群高. 加强和改进少数民族大学生就业指导与培训[J]. 科技信息，2006（12）.
④ 贾友军，綦群高，王英姿. 新疆少数民族大学生就业对策研究[J]. 新疆大学学报（哲学社会科学版），2006（3）.
⑤ 帕孜来·马合木提，郭建伟. 新疆少数民族大学生就业意向实证分析[J]. 中国电力教育，2013（13）.
⑥ 刘静. 新疆高校大学生就业意向探析[D]. 新疆大学，2011.

注重就业政策落实以及高校完善自身培育就业意向职能之外，大学生群体也需要转变自身就业观念、提高综合素质和就业能力、合理定位和评价自身、树立自主创业意向。

　　张静、张凯采用实验调查的方式对内蒙古大学生就业意向进行了简略的分析，认为毕业生求职择业日渐趋于稳定化，心态总体理性化和实际化。为此，单从大学生群体而言应当抛弃过去的精英情怀，摆正自己的心态，明确自己真正的优势和劣势，做好职业定位。[1]

五、文献述评

　　毫无疑问，高校毕业生就业问题已经成为当前社会普遍关注的焦点议题之一，如何准确定位高校毕业生就业困难的影响因素，特别是准确定位高校毕业生就业意愿的影响因素，并在高校全程教育中有计划、有意识地进行干预调节，既是有效应对当前普遍存在的就业困难的理性选择，又是为人才匮乏地区输送人才、提供智力支持的合理行动。大学生就业问题已成为一个深层次的政治与社会问题。国内开展了大量的相关研究，有宏观的战略分析，有微观的因素分析；有单一学科的研究，有多学科融合的交叉分析；有理论的研究，有基于调查的实证分析。其中少数民族大学生就业问题已引起重视，研究成果也很多，但这些研究中所用的方法、过程和所得出的结论都与以往对普通学生的研究相似，所得出的结论也很一致。而且迄今为止还没有就边境特别是跨境民族地区大学生就业问题进行的专题研究。

　　第一，研究视角需要进一步拓展和深化。当前的研究更多偏重宏观的定性分析，较多从国家宏观就业政策、高校规模的扩大、就业观念和价值观的滞后以及劳动力市场分割等方面进行问题的归纳、原因的分析和对策的提出。这些研究的视角既缺乏系统全面的客观数据的支撑，偏重定性层面的现象描述和表象解释，又对概括出的问题、分析出的原因缺乏实证支撑，甚至概括出的问题是否是真正的学术问题都留有较多的探析确认空间。

　　第二，研究内容的系统性有待加强。影响高校毕业生就业困难的原因不仅是多个层面、多个方面、多个领域的，而且也是多元的和多样的。多重因素联结在高校毕业生这一群体之上，其相互之间不仅存在着主从轻重的差异，还存在着相

---

① 张静，张凯. 内蒙古大学生就业意向分析[J]. 合作经济与科技，2013（20）.

互的因果联系。如何辨明影响要素之间的关系，不仅需要依凭实证数据进行相关性的分析，更需要理论模型的建构，从而进行系统的描述、解释。不难看出，当前的研究更多偏重对诸多要素的单项描述解释，缺乏系统的整合，更缺乏理论模型的建构。

第三，对跨境民族地区高校毕业生就业群体的关注仍需深入地挖掘和开拓。从以上文献可看出，目前对跨境民族地区关注的主要聚焦点是跨境民族地区社会经济发展的研究、跨境民族地区问题诱发危及国家安全的研究、跨境民族地区民族教育的研究，以及跨境民族文化的研究等。相对而言，对大学生就业、特别是返乡就业的关注目前还比较缺乏。虽然也有文献关注到了少数民族地区以及边疆民族地区大学生的就业问题，能够为深化高校毕业生就业问题提供相应的参考，但不难看出，研究所使用的研究方法、研究过程都与以往对一般层面的研究相似，特别是所得出的结论也都一致。而对农村学生所占比例较大的边境地区，高校毕业生响应国家基层就业政策的返乡就业问题研究，目前还是空白。

第四，针对民族地区大学生返乡就业问题的研究还亟待扩展。针对大学生返乡就业的研究不多，为数不多的研究中更多的是针对农村户籍大学生，其定义的返乡就业主要是指回到农村就业。还有一些文章把返乡就业简单认为是去当"大学生村官"，这样的定义与本书的返乡就业的概念不一致，当"大学生村官"只是返乡就业的一种形式，返乡就业的形式还有很多种，因此，我们有必要在这些研究基础上进行进一步深化。

云南跨境民族地区有着特殊的区位特征，对该地区大学生返乡就业的研究对云南乃至全国都具有独特的意义。同时考虑到充分开发人力资源是经济欠发达的边疆少数民族地区实现其经济社会发展中的最好路径，那么，大学生是最具增值潜力的人力资源，促进跨境民族地区大学生到自己的家乡就业应成为实现云南跨境民族地区社会经济发展的最佳路径。目前边疆少数民族地区人才呈"两极化"现象：一方面，边疆少数民族地区急需高素质人才；另一方面，边疆少数民族地区的大量人才流向东部、中部地区，出现了"孔雀东南飞"的现象，这就使得对于大学生返乡就业问题的关注尤为迫切。

鉴于以上种种原因，本书以现有的相关理论作为研究的基础，进行初步的模型建构，采用标准的实证研究流程——确定研究问题，归纳影响要素，辨析要素关系，进行证实证伪，得出研究的结论——为当前高校毕业生就业政策的制定提供理论参考和实践支撑，进而，为云南省高校毕业生就业政策提供区域性的具体参考，同时为边疆民族地区的人才培养及引进的实施提供可行方案。

第四节　基本概念

一、高校毕业生

本书所使用的"高校毕业生"采用教育部与人力资源和社会保障部联合发布的《国家促进普通高校毕业生就业政策百问》中所给出的界定。"高校毕业生指中央部门和地方所属全日制公办普通高等学校、民办普通高等学校和独立学院的全日制普通本专科（含高职）、研究生、第二学士学位应届毕业生。不包括往届毕业生及成人高等教育、高等教育自学考试类学生、各类非学历教育的学生。"通常来说，高校毕业生不仅包括专科生、本科生，还包括硕士研究生和博士研究生，但为了便于研究，本书仅选取本科生作为研究对象。

另外，为了对不同类型普通高校毕业生的就业意向进行比较研究，本书选取了师范院校、民族院校、农业院校、财经院校、医学院校以及州市院校的本科毕业生。本书的研究对象不包括"211 工程"院校的本科毕业生。另外，本书所指的跨境民族地区高校毕业生是指那些生源地为我国云南省与越南、老挝、缅甸接壤的 8 个边境州市的大学生，包括少数民族和汉族学生。而在考察基层就业和返乡就业意向时，研究对象既包括生源地为这 8 个边境州市的毕业生，也包括生源地为云南其他州市、云南省外的毕业生。

二、跨境民族

一般而言，跨境民族是指分布在两个或两个以上国家并沿国境线相邻而居的同一民族。[①]

云南跨境民族是与越南、老挝和缅甸 3 个国家接壤，跨境而居的 16 个少数民族，即壮族、傣族、布依族、苗族、瑶族、彝族、哈尼族、景颇族、傈僳族、拉祜族、怒族、阿昌族、独龙族、佤族、布朗族、德昂族。

---

① 刘稚，申旭. 论云南跨境民族研究[J]. 云南社会科学，1989（1）.

云南省跨境民族地区是指跨境民族分布的地区。云南跨境民族地区即云南省与周边国家跨国而居的 8 个跨境民族地区，涉及 8 个州市 25 个县市，即保山市腾冲市、龙陵县，红河哈尼族彝族自治州绿春县、金平县、河口县，文山壮族苗族自治州麻栗坡县、马关县、富宁县，普洱市澜沧县、西盟县、孟连县、江城县，西双版纳傣族自治州景洪市、勐海县、勐腊县，德宏傣族景颇族自治州芒市、瑞丽市、盈江县、陇川县，怒江傈僳族自治州福贡县、泸水市、贡山县，临沧市耿马县、镇康县、沧源县。

本书所指的云南跨境民族地区大学生主要指居住在云南与越南、老挝、缅甸接壤的 8 个边境州市的大学生，包括少数民族学生和汉族学生。

三、返乡就业

返乡就业从概念归属上来看，属于就业流动的范畴。所谓的大学毕业生就业流动是指大学毕业生在就业选择时最终的就业选择地与其生源地不同，也就是说在由高等教育机构向劳动力市场的过渡中，其地理位置发生了变化。[①]返乡就业指的是大学毕业生最终的就业选择地与其生源地一致，没有发生就业流动。在学术研究领域中，"地理位置"的确定单位不尽一致。例如，可以确定为省市级区域，也可以确定为州市级区域。本书中所说的"返乡就业"中的"乡"指的是州市级区域，具体而言是指云南跨境民族地区 8 个州市。因此，所谓的"返乡就业"是指不论就读在省外省内，毕业后均返回到生源州市就业，州市之内县区的变化不被认为是发生了就业流动。比如，与老挝、缅甸接壤的西双版纳傣族自治州全州辖 1 个县级市景洪市、2 个县勐海县和勐腊县，如果生源地为勐海县或勐腊县的大学毕业生回到景洪市工作，虽然发生了地理位置的变化，但因为都隶属于本州，因此也认为没有发生就业流动，属于返乡就业的范围。

四、就业意向

意向（intention，又被称为意愿），最初是哲学探讨的话语。意向性这一概念最早出现在中世纪典籍之中，国外著名心理学家布伦坦诺在《从经验的观点看心理学》中诠释了唯心主义的"意向性"概念，认为可以把心理现象定义为通过意

---

① 马莉萍. 西方国家大学毕业生就业流动的研究：借鉴与启示[J]. 教育学术月刊, 2009（10）.

向把对象包含在自身的现象。简言之，意向是具有目的性的心理活动（其目的并不必然就是清晰的和具体的），只是表达对行为结果的某种预期，作为行为结果的前因往往诱发特定的行为产生。

关于就业意向（employment intention）的界定，由于每个学者探讨的出发点不同，视角不同，对就业意向的内涵和外延就有不同的理解，学者对此概念也是百家争鸣。近年来，大学生就业意向已然成为备受社会关注的问题，国内学者朱启臻在《职业指导理论与方法》一书中提到就业意向是个体在职业选择中表现出来的比较模糊的、浅层的需要。就业意向具有一定的不稳定性和不确定性，受到动机强度的影响，有可能发展成为实际的就业行为，也可能没有发展成实际的就业行为。[①]还有学者认为就业意向是指人们在职业定向与选择过程中，对自身的认知和对未来的期待[②]，以及大学生离校前对就业区域、行业、薪酬等方面的期望[③]。

本书认为就业意向是行为主体对具体就业指标的认知和态度，是对所要从事职业的心理期望。在本书中，就业意向既是研究的直接目标，也是相关研究中的因变量。高校毕业生就业意向主要围绕着就业认知、就业期望、就业结果三个方面来确定具体的评价指标。

第五节　研　究　方　法

本书主要针对云南省跨境民族地区大学生就业问题，更多的是对现状的调查和分析，同时运用理论来解释现象，因此，本书主要运用以下几种方法。

一、文献研究法

本书通过对以"大学生就业"和"云南跨境民族地区"为主题的相关文章、研究报告、学术论著等文献的搜集、归类、阅读、分析与整理，获取有关大学生就业研究的进展和有用资料。同时到跨境民族地区收集政府的有关政策文件、地方史和统计数据。在已有研究成果和现实素材的基础上，发现可进一步研究的空

① 朱启臻. 职业指导理论与方法[M]. 北京：人民教育出版社，1996.
② 郑洁. 当代大学生就业意向现状调查[J]. 中国大学生就业，2005（14）.
③ 武毅英. 高校毕业生就业问题的教育学审视[M]. 厦门：厦门大学出版社，2006.

间，清晰地定位研究内容，寻找合适的理论来解释所发现的现状。

二、调查研究法

本书运用的主要调查方法有问卷调查法、访谈法及实地考察法。

首先通过调查问卷对云南省在校大学生以及目前在跨境民族地区工作的2008 年以来的大学毕业生进行问卷调查（调查问卷见附录 1、附录 2）。

为了深层次地了解工作在跨境民族地区的大学生的就业及工作情况，本书还利用访谈方法。访谈对象包括在校大学生、大学毕业生以及跨境民族地区大学生就业主管部门的有关人员及政策制定者，以了解政府主管部门关于大学毕业生返乡就业的政策制定及实施情况（访谈提纲见附录 3）。

云南跨境民族地区 8 个州市历史和地理条件不同，因此差异也较大。为了更好地了解各个地州的情况，本书采取实地考察的方式与当地返乡就业的大学生进行交流，并对其工作环境进行考察。然后根据对实地考察的理解和抽象概括，从经验资料中得出一般性的结论。

三、数据分析法

本书以大量的数据作为支撑，数据主要来源于云南省 6 所普通高校应届毕业生问卷调研数据和云南跨境的 8 个州市 25 个县市已返乡工作的高校毕业生问卷调研数据。运用 SPSS 软件对数据进行了收集、整理、编码和处理，并主要采用描述性统计方法。返乡就业意向的调查分别从就业认知、就业期望、就业结果三个就业意向测评维度进行了数据的统计分析，了解高校毕业生的总体就业认知情况、就业期望情况和就业结果情况。研究采用相关回归、二元逻辑回归的统计方法检验了国家政策、社会支持系统、个人就业能力以及职业生涯规划等变量对就业意向的影响程度，并关注学生的专业背景、学校背景、家庭背景等自然情况对就业意向的不同影响。实际返乡就业的数据主要运用描述性统计分析的方法进行数据统计分析，并得出结论。

四、个案分析法

个案分析法也叫案例分析法，主要通过对 些具有代表性的个体和例子的详细了解来探究案例背后的原因。本书探讨云南跨境民族地区大学生在返乡就业过程中如何利用自己所学专业去寻找与当地社会文化经济的融合点，从而推动当地的发展。本书有针对性地选取各个行业中有代表性的人物作为案例，通过案例分析探求跨境民族地区大学生更好地发挥自身价值的多元途径。

五、比较研究法

本书运用比较研究法主要针对以下几个方面。第一，云南省内和省外生源地大学生就业意向情况的比较分析；第二，跨境民族地区与非跨境民族地区大学生就业意愿的比较；第三，云南省内不同类型普通高校大学生就业意向的比较；第四，云南省内高校不同学科类别的大学生就业意向的比较等。只有在清晰的比较分析下才会更容易辨认影响跨境民族地区大学生返乡就业的因素，从而提出更好的建议。

六、事后解释性文本

"事后解释"与实证研究相对应，是一类经验研究的方式。默顿指出，"在经验主义社会研究中常有这种情况：资料收集后才能得到解释性的评论。这种程序——先有观察然后才把解释应用于所观察到的资料——有着临床研究的逻辑结构。这样的观察可能有个案历史或统计的特性。这种程序的确定性特征是在做出观察之后得出解释，而不是对预先设定的假说进行经验检验。"[1]根据冯向东教授对"事后解释"的诠释，事后解释性研究法是指通过列出具体案例、调查资料、统计数据等材料，以这些经验材料与相关理论为依据提出自己的观点和结论。这种类型的研究文本就是事后解释性文本，大量的研究文本（包括学位论文和发表在刊物上的文章、报告等）都采用事后解释性文本这一个共同特征，这也是教育研究的一种方法。

第六节　研究思路与本书结构

本书从云南跨境民族地区大学生返乡就业的现实入手，遵循社会科学实证研

---

[1] 冯向东. 关于教育的经验研究：实证与事后解释[J]. 教育研究，2012（4）.

究的思路展开，首先进行研究设计及调查研究，然后对调查收集的问卷数据资料和访谈资料进行归类整理与统计分析，从中发现跨境民族地区大学生返乡就业的现状，然后据此确认存在的主要问题。本书考虑了国家的大学生就业政策的演变与构成，跨境民族地区自身的优势与劣势、机会与威胁，以及政治、经济、社会和技术等内外环境因素，提出了跨境民族地区大学生返乡就业的促进措施。

本书共分为四章。第一章为导言，阐述本书的研究背景、研究意义、研究基础、基本概念、研究方法、研究思路与本书结构。第二章是研究设计和数据分析，包括在校大学毕业生返乡就业意向及已选择返乡就业的大学毕业生现状的实证设计。实证研究设计是为具体开展调查研究服务的，具体包括返乡就业的宏观数据分析、返乡就业意向的数据分析和已选择返乡就业毕业生的工作现状分析。第三章是对云南跨境民族地区大学生返乡就业的多元分析。在调查和实证结果的基础上分析现状和问题所在，并基于研究的结果对跨境民族地区毕业生返乡就业进行了战略分析，结果表明跨境民族地区能够为返乡就业的毕业生提供广阔的和持续的就业空间与就业机会。同时本书从国家和云南省相关的促进大学生就业的政策入手，在回顾促进大学生就业政策的历史变迁基础上，较为完整地呈现了现有的大学生就业政策的具体内容，并给出了未来大学生就业政策的优化策略，为最后提出跨境民族地区大学生返乡就业的促进策略提供充分的政策依据。第四章是对跨境民族地区大学生返乡就业的促进策略进行分析，主要从政府的政策层面、社会协同行动层面、高校就业指导层面和毕业生自身观念与能力层面分别给出了比较完整且具操作性的政策建议和推进措施。

第二章 云南跨境民族地区大学生返乡就业的综合研究

第一节 研究设计

大城市就业形势日趋严峻，由于各方面的压力，越来越多的大学生在毕业后选择返乡谋取职业。返乡就业成为大学毕业生就业的一种趋势。根据云南省教育厅统计的数据，2011—2013 年在云南就读的云南籍生源总人数分别是 94 059 人、104 386 人、112 618 人，由此可见，毕业生人数以每年 10.98% 和 7.89% 的速度快速增长。毕业生的与日俱增给原本困难的就业形势提出了更大的挑战。本章将先以 2011—2013 年云南省大学生就业的宏观数据为依托，从毕业生返乡就业数量和比例、接收单位构成、性别差异等角度入手，分析三年来大学毕业生返乡就业的基本情况和变化趋势。其次，重点关注云南省普通高校在校毕业生的返乡就业意向和已经返乡就业的毕业生的工作近况，这构成本章两个重要的基本维度。

一、在校毕业生返乡就业意向的研究设计

在当代很多大学生中出现"北漂"等现象，其意思是选择去"北上广"发展的高校毕业生越来越多，而对于返回自己家乡尤其是家乡还在县级以下区域的就业选择被大部分高校毕业生所轻视。针对云南这一边疆民族地区的特殊性，其高校毕业生基层就业和返乡就业的意向如何是研究毕业生返乡就业研究的基本议题。

（一）返乡就业的指标操作化

为了能够对高校毕业生返乡就业意向进行专项研究，意向操作化设置了相应的测量。测量设计从 5 个指标展开：基层就业意愿、返乡就业意愿、就业方向期

望、职业方向期望以及薪资容忍，每个指标各设 1 道题目予以表达。

为了了解高校毕业生对于在基层就业的态度，研究设计了题目"对于选择到基层就业，你的接受程度如何？"并设计 5 个选项"A.压根不会考虑，B.较难接受，C.无所谓，D.能够接受，E.愿意前往"，以此来测量当代高校毕业生对返乡就业具体实际的看法。针对返乡就业意愿，研究设计了题目"您的返乡就业意愿如何？"并设计 5 个意愿程度"A.从未想过，B.不太强烈，C.意愿一般，D.比较强烈，E.非常强烈"，以此来表达这一指标。

对于返乡就业方向期待的测量，研究设计了题目"如若您返乡就业，您期望的就业方向是什么？"下设"A.政府机关，B.学校及科研机构，C.其他事业单位，D.国有企业，E.外资企业，F.民营企业，G.自主创业，H.其他"8 个选项。

对于返乡职业方向期待的测量，研究设计了题目"如若您返乡就业，您期望的职业方向是什么？"下设"A.专业技术人员，B.专业辅助人员，C.行政管理人员，D.企业管理人员，E.工人，F.商人，G.其他"7 个选项。

对于返乡薪资容忍程度的测量可以与一般的就业薪资容忍程度进行比较，研究设置了题目"如若您返乡就业，您所能接受的最低月薪是多少？"并设计 5 个选项"A.1500 元及以下，B.1501～3000 元，C.3001～5000 元，D.5001～8000 元，E.8000 以上"进行对比测量。

另外，研究还对返乡就业意愿的具体原因和障碍因素进行细化调研，分设两道题目予以表达。在题目"如果您愿意选择返乡就业，您的主要考虑是什么？"下设"A.外地就业压力大，返乡就业机会多；B.国家政策支持，返乡有更广阔的发展前景；C.自身的志愿，个人的职业发展规划；D.在父母身边，方便照顾父母；E.返乡就业的生活成本低；F.亲戚朋友和同学比较多，社会关系支撑比较强；G.家乡经济的发展，反而能够提供更大的职业发展空间；H.离家比较近，回家比较方便"多个选项。在题目"请问您认为制约当前大学生返乡就业的因素有哪些？"下设"A.薪酬福利水平低，B.地区欠发达，C.发展前景小，D.社会认同感低，E.父母不同意，F.专业不对口，G.能力较缺乏，H.个人观念无法转变，I.对象的工作无法解决"等选项。这两道题目均为多项选择题。

我国在帮扶和鼓励大学生就业的过程中，制定和完善了不少就业政策。就业政策对高校毕业生的支持属于客观条件的支持，对就业政策的认知和运用可成为影响高校毕业生就业意向的考虑因素之一。针对此部分研究需要，研究特设计题目"如若您返乡就业，您希望政府提供哪些政策支持？"并下设"A.就业技能培训或创业培训；B.税费优惠、减免；C.提高薪酬福利；D.设立创业扶持基金；E. 进行创业技术指导；F.办事程序上的简化高效；G.扩大就业渠道，增加就业机会；H.提供更多的就业信息"等选项予以表达。

（二）问卷调查与量表分析

问卷过程遵循和服务于以上的研究设计思路与研究设计结果。调查问卷的基本结构依从文献综述的结果和逻辑模型的建构进行设计，以学校和专业为分类单元进行分类抽样确定样本对象，随后实施问卷的发放和回收。运用SPSS19.0统计软件进行数据的分析和图表的输出。本书的实证过程是在规范性研究的基础上展开的。本节进行问卷数据的基本情况描述和信效度分析。接下来的两节将对就业意向进行描述性统计分析和假设验证分析。

1. 问卷结构与调研实施

本书调研问卷的设计主要围绕就业意向的内容结构和影响要素两个方面展开，但在具体设计中则把这两个方面的内容进行打乱整理，基本的考虑是降低问卷的结构僵化程度，增加问卷的接受程度。最后呈现出来的问卷共分为8个部分：就业政策的认知、就业意愿影响因素、个人职业成长、社会因素方面、个人就业力、成功就业的影响因素、返乡就业意愿以及个人自然情况。以上内容的命名只是粗略的分类，其下包含的内容并不限于标题所示。例如，家庭资本、学校资本、人力资本等影响要素就应置于自然情况之下。另外，考虑到要对存在现状进行深度的原因剖析，问卷在就业意向的结构内容和影响要素等指标表达之外，还设计诸多的关联表达。例如，国家就业政策响应与否的原因、期待政府或学校所能给予的帮助等。

在样本对象的确定上，本书选择除去重点高校、专科院校之外的普通高校，尽可能兼顾目前云南省所有类型的普通高校。院校确定原则：兼顾省会高校和州市高校，兼顾不同学科类别高校。依据这两个原则，最终确定的样本高校为：云南师范大学、云南民族大学、云南农业大学、云南财经大学、昆明医科大学、红河学院。其中5个省会高校，1个州市高校。在专业确定上，首先依据学科门类对专业进行归类，共划分为12类专业，具体包括哲学类、经济学类、法学类、教育学类、文学类、史学类、理学类、工学类、医学类、农学类、管理学类、艺术类等。然后对样本高校实际所设专业进行随机排序，进行不重复抽样，最终确定样本专业。

调查问卷通过样本高校的学生工作部门联系样本专业所在学院进行正式发放和回收。样本量的规模基本上是以样本专业为单位进行确定的，样本专业毕业班的毕业生均为样本量构成。基于此，在院校样本量的最终确定上并无统一规定。为保证样本收集的信息量，本次调查对样本容量进行最低限制，对每所学校设置的最低调查数量为200份。此次6个高校共发放问卷1140份，回收1080份，回收率为94.74%。经过问卷的甄别与鉴定，剔除无效问卷163份，合计回收有效问卷917份，有效回收率80.44%。

2. 量表信度与量表效度

就业意向结构维度的量表信度检测见表2-1。经SPSS19.0进行统计输出，本书中就业意向结构维度的量表总体信度系数分别是0.836、0.803、0.813，各维度系数值均大于0.7，超出0.6的最低满足值。可以看出，就业意向结构维度具有较好的内部一致性，各维度的构成项目测量信度较高。

表2-1　就业意向结构维度的量表信度检测

检验维度	检验项目	Cronbach's α*
就业认知	就业形势认知	—
	就业政策响应	0.899
	相关因素认知	0.902
	总体	0.836
就业期望	就业地区	0.893
	薪资水平	—
	就业与职业方向	—
	基层就业与返乡就业	0.786
	总体	0.803
就业结果	成功就业与否	—
	就业协议单位	0.826
	就业实际影响因素	0.903
	成功就业得益因素	0.871
	总体	0.813

注：*表示项目删除后的 α 系数，下同。

就业意向影响维度的量表信度见表 2-2。在就业能力、就业观念、就业资本和就业政策 4 个检验维度上，Cronbach's α 值分别是 0.703、0.846、0.618、0.818。系数值均超过最低限度值 0.6，可以看出，就业意向影响维度具有较好的内部一致性，各维度的构成项目测量信度较高。

表 2-2　就业意向影响维度的量表信度检测

检验维度	检验项目	Cronbach's α*
就业能力	个人基础能力	0.694
	职业面向能力	0.743
	总体	0.703
就业观念	就业行为倾向	0.741
	职业价值倾向	0.799
	总体	0.846
就业资本	就业人力资本	—
	就业社会资本	0.681
	总体	0.681
就业政策	总体	0.818

表 2-3 显示，本次问卷满意度总量表的 KMO 值为 0.705，表示在允许做因子分析的接受范围之内。Bartlett 球形检验的 p 值接近 0，表明原有变量适合做因子分析。

表 2-3　就业意向总量表 KMO 和 Bartlett 球形检验结果

KMO	度量	0.705
Bartlett 球形检验	近似卡方	35 440.418
	df	9 730
	p	0.000

各维度的分量表 KMO 和 Bartlett 球形检验结果见表 2-4。表 2-4 显示，本次问卷满意度分量表的 KMO 值均在 0.6 以上，Bartlett 球形检验的 p 值均接近 0，效度系数值处在可接受范围之内，达到研究所需要的标准。

表 2-4 就业意向分量表 KMO 和 Bartlett 球形检验结果

分量维度	KMO 度量	Bartlett 球形检验		
		近似卡方	df	p
就业认知	0.684	205.982	10	0.000
就业期望	0.795	816.637	78	0.000
就业结果	0.675	4 342.643	1 275	0.000
就业能力	0.696	1 063.355	45	0.000
就业观念	0.849	4 571.027	171	0.000
就业资本	0.647	84.721	10	0.000
就业政策	0.806	1 759.943	15	0.000
总体	0.705	35 440.418	9 730	0.000

本书基于较大规模的问卷调查，以农村生源地和云南省内跨境民族地区生源地作为筛选样本对象，对农村生源和跨境生源高校毕业生的返乡就业意向进行专题性的研究，以确定当前云南省普通高校毕业生返乡就业意向的现状、影响因子和影响机理。

此处需要对"返乡就业"概念再做厘定。本书所提到的"返乡就业"有广义和狭义之分。广义的返乡就业指高校毕业生回到其生源所在地就业，无论其生源地是城市、乡镇还是农村。此处的"乡"是"故乡"的含义。狭义的返乡就业是指毕业生返回到乡村就业，那么此处的"乡"就是"乡村"的含义，包括乡镇和农村。狭义的返乡就业就不包括城市生源地的毕业生。在进行描述性统计时用广义的返乡就业概念，在进行交互分析时则采用狭义的返乡就业概念。

二、已返乡就业毕业生工作状况的研究设计

当前对大学毕业生就业流动的关注在逐渐增多，但都集中体现在解答就业难，而从大学毕业生就业流动与区域经济发展、高等教育培养、人力资本的特质方面进行的实证研究还没有，因此，很有必要进行深入和系统的研究。全国高等学校学生信息咨询与就业指导中心的数据[1]反映全国大学毕业生就业流动的情况：东部

① 全国高等学校学生信息咨询与就业指导中心，北京大学教育学院. 全国高校毕业生就业状况[M]. 北京：北京大学出版社，2011.

地区，特别是京津沪地区吸纳外地生源就业的流入量最大，而且本地生源到外地就业的流出量最小。然而，西部地区吸纳外地生源的流入量最小，而本地生源到外地就业的流出量较高，这表明选择不在本地就业的西部地区生源毕业生相对较多。这些数据说明全国大学毕业生流动情况主要是向东部特别是京津沪等发达城市流动，而西部地区的云南省大学毕业生的流动现状也大致相似。近年国家一些鼓励基层就业的政策让部分大学毕业生开始选择返乡就业，但这并没有改变云南省大学毕业生向东部及省外发达城市或留在昆明及周边较发达城市就业的大形势，其中留在昆明及周边城市寻找工作而不愿回到跨境民族地区工作的大学毕业生占多数。

　　国内的研究主要是针对大学生就业问题展开分析讨论以及寻找对策，分别从经济学、教育学、社会学、心理学等学科视角出发来探讨的。有在全国范围内的大学生就业调查，有借鉴了西方有关劳动力市场分割理论来解释大学生就业的，有对大学生就业的宏观战略预测和大学生就业能力模型的研究，等等。但是，目前有关大学生就业的研究还没有对诸如云南这样特殊的跨境民族地区的研究，而基于云南跨境民族地区历史、地理、人文、经济和国家安全等因素的考虑，以及当前国家以及云南省改革开放的形势和经济全球化的趋势影响，对云南跨境民族地区人才问题的研究不仅是一个学术问题，更是一个紧迫的政治和国家问题，但对该地区的研究特别是以实地访谈调查的研究居少。跨境民族地区大学毕业生的就业问题对于国家建设和边疆建设来说举足轻重，关系着边疆经济建设、文化建设以及安定建设等方方面面。本书采用深度访谈和实地观察等研究方法，对已成功返乡就业的大学生进行了微观层面的研究。研究结果表明：有众多因素影响跨境民族地区大学生的返乡就业行为，如社会资本、传统观念、文化习俗等因素，并且跨境民族地区在公共政策的支持、家庭教育认知以及学校指导等方面存在诸多问题。

　　本次针对云南省跨境民族地区大学生返乡就业的调查采用问卷调查和深度访谈的方法，收集客观、准确、全面的第一手资料，把握那些返乡就业大学毕业生的职业展开情况，以及最初选择返乡的想法和职业展开的对比，了解返乡就业的现实政策支持、资源支持以及职业发展优势、困境等。

（一）调查的基本维度

　　问卷调查的基本维度包括 5 个方面：个人就业力、家庭情况、高校就业指导服务与求职情况、返乡就业情况及其他方面。

访谈调查的基本维度主要包括政策、个人就业力、职业愿景、社会资本、就业信息获取能力、就业市场需求、传统观念、就业指导等方面，对被访者进行开放式调查，访谈的具体内容设计如下。

1. 有关跨境民族地区就业政策与返乡就业

具体设计了包含两个方面的访谈问题。一是你知道少数民族就业优惠政策吗？你享受了吗？二是如果你是一个政策的制定者，你会制定一项什么样的政策来鼓励大学生到你们这里来就业？

2. 有关跨境民族地区学生的个人就业力与返乡就业率

具体设计如下访谈问题：一是你在就业中有没有感觉到你的能力是用人单位首选的条件？二是你自身最大的优势和劣势在哪儿？举个例子。三是你大学所学的专业是什么？现在还在从事本专业工作吗？专业学习有助于你就业吗？四是（男）你会因为是男性所以比女性的竞争优势更大吗？或者说你在就业中有没有因为性别而比其他女性具有优先权？（女）在就业过程中有没有遭遇性别歧视？

3. 有关职业愿景与个人工作业绩的关系

具体设计访谈问题为：毕业时你最希望的岗位是什么？现在的状态（包括职务职称）与之前的想象有多少联系？你对现在的工作满意吗？如果让你重新进行毕业选择，你会做出什么样的选择？

4. 有关社会资本与返乡就业率

具体设计的访谈问题如下：一是是什么原因使你能找到目前的工作？或者说，你的就业是父母或者亲属帮忙的吗？二是你认为你找到满意的工作主要是因为家庭的原因还是你个人的能力（如有社会资本）？三是在找工作的时候，你的想法是：a. 找不到好工作就不着急就业；b. 你期待的月薪比同班的其他同学高；c. 你基本没有自己主动去寻找过就业岗位；d. 你认为当时你的成功就业是因为你家人的社会地位还是因为你们家的财力？

5. 有关跨境民族地区学生的获取信息力与返乡就业率

具体设计的访谈问题如下：一是你的就业信息是从哪里获得的？二是你认为学校或者其他部门还可以如何提高服务毕业生的能力？

6. 有关跨境民族地区就业市场需求与返乡就业率

具体设计的访谈问题如下：一是当地各种岗位还需要大学生吗？二是"桥头堡战略"对你们地区的发展有什么促进作用？会需要大批大学生人才吗？

7. 有关跨境民族地区的传统观念与返乡就业

具体设计的访谈问题如下：一是你们家有几个孩子？你是第几个孩子？你是家中唯一的男孩吗？二是你的就业选择与父母的要求有关吗？三是你们当地有一些什么风俗会影响大学生的就业选择？

8. 有关高校就业指导课程设置与返乡就业率

具体设计的访谈问题如下：一是你们学校开设就业指导课吗？有作用吗？二是你希望的就业指导课应该是什么样的？

9. 有关劳动力市场分割理论

具体设计的访谈问题如下：一是你留在城市的想法是什么？二是你当时有没有想以后还是要到大城市？为什么？

（二）调查的实施

本调查以云南省跨境民族地区为研究对象，实地走访云南省跨境民族地区 8 个州市的返乡就业大学生个案和相关工作人员，涉及的职业包括公务员、教师、企业职员、分析员、个体商户等。所选择的 8 个有跨境县区的州市，即保山市（腾冲市、龙陵县），红河哈尼族彝族自治州（绿春县、金平县、河口县），文山壮族苗族自治州（麻栗坡县、马关县、富宁县），普洱市（澜沧县、西盟县、孟连县、江城县），西双版纳傣族自治州（景洪市、勐海县、勐腊县），德宏傣族景颇族自治州（芒市、瑞丽市、盈江县、陇川县），怒江傈僳族自治州（福贡县、泸水市、贡山县），临沧市（耿马县、镇康县、沧源县）。通过对这些已成功返乡就业的大学生的问卷调查和访谈调查，本书对目前云南省跨境民族地区大学生返乡就业的基本情况、影响因素及存在问题进行了分析。在探讨这些问题的原因和背景的基础上，从社会、政府、学校和个人4个维度为跨境民族地区促进大学生返乡就业提出对策建议。

调查方式主要是调查小组成员以课题组提前制作的调查问卷、访谈个人信息表和访谈提纲与具体问题为主要依据，对有关调查对象和工作人员进行访谈，取得调查、访谈资料。访谈共分为3个阶段进行。第一阶段——2013年暑假：课题调研组到红河哈尼族彝族自治州与文山壮族苗族自治州进行调研访谈，红河哈尼族彝族自治州分别有绿春县、金平县、河口县，文山壮族苗族自治州分别有麻栗坡县、马关县、富宁县。第二阶段——2014年寒假：课题调研组到达保山市腾冲市、龙陵县，普洱市澜沧县、西盟县、孟连县、江城县，西双版纳傣族自治州景洪市、勐海县、勐腊县，德宏傣族景颇族自治州芒市、瑞丽市、盈江县进行调研。第三阶段——2014年暑假：课题调研组到达怒江傈僳族自治州福贡县、泸水县、贡山县，临沧市耿马县、镇康县、沧源县进行调研。

返乡就业成功的访谈样本量有28位，其中男性为15位，占调查总数的53.6%；女性为13位，占调查总数的46.4%，各占比例基本持平。其中有13位为少数民族，15位为汉族，各占比例也基本持平。相关工作人员2位，一位是文山壮族苗族自治州人才中心副主任，一位是德宏傣族景颇族自治州人社局事业科科长。

第二节　大学生返乡就业的宏观数据分析

一、各州市 2011—2013 年就业基本情况

（一）各州市的就业情况分析

云南省 2011—2013 年各州市的就业率如表 2-5 所示。

表 2-5　云南省 2011—2013 年各州市就业率

名称	年份	总人数/人	就业人数/人	就业率/%	平均就业率/%
	2011	14 564	13 923	95.60	
昆明市	2012	14 791	14 272	96.49	96.37
	2013	14 318	13 890	97.01	

续表

名称	年份	总人数/人	就业人数/人	就业率/%	平均就业率/%
曲靖市	2011	17 972	17 235	95.90	
	2012	20 066	19 405	96.71	96.64
	2013	21 938	21 350	97.32	
玉溪市	2011	5 506	5 307	96.39	
	2012	5 378	5 208	96.84	96.74
	2013	5 775	5 601	97.00	
保山市	2011	5 436	5 301	97.52	
	2012	6 247	6 081	97.34	97.44
	2013	6 574	6 408	97.47	
昭通市	2011	6 599	6 331	95.94	
	2012	8 350	8 046	96.36	96.33
	2013	9 928	9 599	96.69	
丽江市	2011	4 499	4 306	95.71	
	2012	4 807	4 582	95.32	95.89
	2013	4 930	4 764	96.63	
普洱市	2011	3 507	3 364	95.92	
	2012	4 179	4 020	96.20	96.45
	2013	4 601	4 473	97.22	
临沧市	2011	2 793	2 689	96.28	
	2012	3 218	3 108	96.58	96.68
	2013	3 649	3 546	97.18	
楚雄彝族自治州	2011	6 407	6 215	97.00	
	2012	7 003	6 781	96.83	97.10
	2013	7 561	7 369	97.46	
红河哈尼族彝族自治州	2011	6 818	6 600	96.80	
	2012	7 814	7 570	96.88	96.97
	2013	8 734	8 491	97.22	
文山壮族苗族自治州	2011	4 985	4 798	96.25	
	2012	5 983	5 799	96.92	96.81
	2013	6 559	6 379	97.25	

续表

名称	年份	总人数/人	就业人数/人	就业率/%	平均就业率/%
西双版纳傣族自治州	2011	1 264	1 219	96.44	
	2012	1 511	1 454	96.23	96.53
	2013	1 720	1 667	96.92	
大理白族自治州	2011	9 505	9 178	96.56	
	2012	10 932	10 605	97.01	96.93
	2013	11 778	11 452	97.23	
德宏傣族景颇族自治州	2011	2 374	2 267	95.49	
	2012	2 135	2 062	96.58	96.57
	2013	2 320	2 265	97.63	
怒江傈僳族自治州	2011	1 045	995	95.22	
	2012	1 026	984	95.91	95.67
	2013	1 098	1 053	95.90	
迪庆藏族自治州	2011	785	704	89.68	
	2012	946	875	92.49	92.30
	2013	1 135	1 075	94.71	
合计	2011	94 059	90 432	96.14	
	2012	104 386	100 852	96.61	96.63
	2013	112 618	109 382	97.13	

由表 2-5 可知,从全省的就业率来看,三年就业率均在 96% 左右,具体到各州市,除迪庆藏族自治州以外,2011—2013 年各州市的就业率均达到 95% 以上,其中迪庆藏族自治州就业率也能达到 90% 左右,这说明整体而言,云南省就业情况较好。另外,2011—2013 年各州市的就业情况基本上保持上升趋势。由此能获得以下信息。

1)2011—2013 年云南省大学生整体就业情况良好。三年全省整体平均就业率为 96.63%,各州市平均就业率基本达到 95%(除迪庆藏族自治州为 92.3% 外)。

2)2011—2013 年云南省就业状况保持上升趋势。

（二）毕业生就业单位选择情况分析

图 2-1 为 2011—2013 年云南省毕业生就业构成情况。

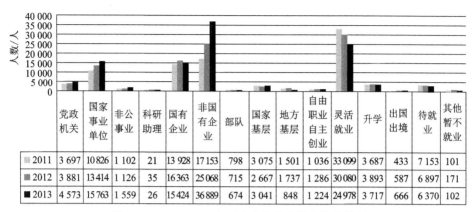

	党政机关	国家事业单位	非公事业	科研助理	国有企业	非国有企业	部队	国家基层	地方基层	自由职业自主创业	灵活就业	升学	出国出境	待就业	其他暂不就业
2011	3 697	10 826	1 102	21	13 928	17 153	798	3 075	1 501	1 036	33 099	3 687	433	7 153	101
2012	3 881	13 414	1 126	35	16 363	25 068	715	2 667	1 737	1 286	30 080	3 893	587	6 897	171
2013	4 573	15 763	1 559	26	15 424	36 889	674	3 041	848	1 224	24 978	3 717	666	6 370	102

图 2-1　2011—2013 年云南省毕业生就业构成情况

注：基于大学生就业的特殊性，结合国家对大学生基层就业的政策倾斜，在国家机构中，单列出国家基层和地方基层。

由图 2-1 得知，首先，从总体上看，大学毕业生更多以灵活就业、非国有企业、国有企业、国家事业单位为主，而党政机关也吸纳了一部分毕业生。其次，从三年的变化来看，在非国有企业就业的人数迅速上涨，在党政机关、国家事业单位的就业人数也在稳步上升；而毕业生选择灵活就业的人数不断下降。其他就业去向，如科研助理、部队、国家基层、地方基层、升学、出国出境、待就业情况波动不大，基本稳定。由此能获得以下信息：

1）2011—2013 年云南省大学生整体就业方向为国有和非国有企业、事业单位，其他就业方向人数基本稳定。

2）2011—2013 年三年期间，毕业生选择在非国有企业、党政机关和国家事业单位就业的人数迅速上升，而选择灵活就业方式的人数不断下降。

二、跨境民族地区返乡就业基本情况

（一）各州市的返乡就业情况分析

2011—2013 年云南省各州市返乡就业率如表 2-6 所示。

表 2-6　2011—2013 年云南省各州市返乡就业率

州市	年份	毕业人数/人	返乡人数/人	返乡率/%	返乡已就业人数/人	返乡就业率/%	平均就业率/%
昆明市	2011	14 564	12 543	86.12	12 116	96.60	
	2012	14 791	12 588	85.11	12 069	95.88	95.78
	2013	14 318	12 369	86.39	11 734	94.87	

州市	年份	毕业人数/人	返乡人数/人	返乡率/%	返乡已就业人数/人	返乡就业率/%	平均就业率/%
曲靖市	2011	17 972	7 925	44.10	7 348	92.72	
	2012	20 066	9 102	45.36	8 446	92.79	92.27
	2013	21 938	8 354	38.08	7 628	91.31	
玉溪市	2011	5 506	2 694	48.93	2 522	93.62	
	2012	5 378	2 984	55.49	2 817	94.40	93.71
	2013	5 775	2 827	48.95	2 632	93.10	
保山市	2011	5 436	3 357	61.75	3 198	95.26	
	2012	6 247	3 557	56.94	3 393	95.39	95.43
	2013	6 574	3 025	46.01	2 893	95.64	
昭通市	2011	6 599	4 625	70.09	4 300	92.97	
	2012	8 350	4 583	54.89	4 285	93.50	93.05
	2013	9 928	3 629	36.55	3 363	92.67	
丽江市	2011	4 499	2 647	58.84	2 483	93.80	
	2012	4 807	2 789	58.02	2 565	91.97	92.80
	2013	4 930	2 596	52.66	2 405	92.64	
普洱市	2011	3 507	2 296	65.47	2 168	94.43	
	2012	4 179	2 376	56.86	2 221	93.48	93.45
	2013	4 601	1 849	40.19	1 709	92.43	
临沧市	2011	2 793	2 055	73.58	1 953	95.04	
	2012	3 218	1 870	58.11	1 765	94.39	94.39
	2013	3 649	1 581	43.33	1 482	93.74	
楚雄彝族自治州	2011	6 407	3 049	47.59	2 865	93.97	
	2012	7 003	3 297	47.08	3 083	93.51	93.70
	2013	7 561	3 003	39.72	2 811	93.61	
红河哈尼族彝族自治州	2011	6 818	3 888	57.03	3 647	93.80	
	2012	7 814	4 309	55.14	4 067	94.39	93.99
	2013	8 734	3 441	39.40	3 227	93.78	
文山壮族苗族自治州	2011	4 985	3 576	71.74	3 398	95.02	
	2012	5 983	3 584	59.90	3 402	94.92	94.44
	2013	6 559	2 800	42.69	2 615	93.39	
西双版纳傣族自治州	2011	1 264	1 040	82.28	987	94.90	
	2012	1 511	1 003	66.38	947	94.42	94.49
	2013	1 720	768	44.65	723	94.14	

续表

州市	年份	毕业人数/人	返乡人数/人	返乡率/%	返乡已就业人数/人	返乡就业率/%	平均就业率/%
大理白族自治州	2011	9 505	4 411	46.41	4 094	92.81	
	2012	10 932	4 610	42.17	4 294	93.15	92.52
	2013	11 778	3 839	32.59	3 517	91.61	
德宏傣族景颇族自治州	2011	2 374	1 543	65.00	1 488	96.44	
	2012	2 135	1 386	64.92	1 314	94.81	94.98
	2013	2 320	1 645	70.91	1 541	93.68	
怒江傈僳族自治州	2011	1045	621	59.43	577	92.91	
	2012	1 026	629	61.31	588	93.48	92.94
	2013	1 098	634	57.74	586	92.43	
迪庆藏族自治州	2011	785	769	97.97	709	92.20	
	2012	946	653	69.03	583	89.28	89.06
	2013	1 135	539	47.49	462	85.71	
合计	2011	94 059	57 039	60.64	53 853	94.41	
	2012	104 386	59 320	56.83	55 839	94.13	93.93
	2013	112 618	52 899	46.97	49 328	93.25	

注：本文中的"返乡就业率"若无特别说明均表示返乡已就业人数与返乡人数之比。

由表 2-6 可知，就各州市大学毕业生选择返乡就业的情况来看，三年间大部分州市的返乡率显现出下降的趋势，但返乡就业的比重依然较高。从全省的返乡就业率数据来看，除迪庆藏族自治州三年平均就业率稍低外，其他州市的返乡就业率均在 92%以上，这说明整体而言，云南省就业情况较好。另外，这三年除保山市稍稍上升外，其他各州市的返乡就业率都存在着倒退情况。再通过比较表 2-5 能够得出，从全省总体情况来看，返乡就业率低于大学生整体就业率 2.7 个百分点，具体到各州市都有不同程度的下降。比较跨境民族地区与非跨境民族地区返乡就业情况，通过计算发现，跨境民族地区的 8 个州市：保山市、红河哈尼族彝族自治州、文山壮族苗族自治州、普洱市、西双版纳傣族自治州、德宏傣族景颇族自治州、怒江傈僳族自治州和临沧市三年的平均返乡就业率为 94.26%；非跨境民族地区的 8 个州市：昆明市、曲靖市、玉溪市、昭通市、丽江市、楚雄彝族自治州、大理白族自治州、迪庆藏族自治州三年的平均返乡就业率为 92.86%，从而能够看出跨境民族地区的大学生返乡就业率高于非跨境民族地区。由此能获得以下信息：

①2011—2013 年云南省大部分州市返乡就业大学生比例在下降，但返乡就业

仍然是大学生就业的一大选择。多数州市返乡就业率达到一半以上。

②2011—2013 年云南省大学生返乡就业整体情况良好。三年全省整体返乡就业率为 93.93%，各州市平均就业率基本达到 92% 以上（除迪庆藏族自治州是 89.06%）。

③通过与表 2-5 比较发现，2011—2013 三年期间，虽然云南省大学生就业率在不断上升，然而返乡就业率不断下降，即在云南省毕业生整个就业不断增加的情况下，返乡就业状况却存在着下降的趋势。除保山市有少许上升外，其余 15 个州市均呈现出不同程度的下降态势，其中迪庆藏族自治州返乡就业率下降 6.49 个百分点、普洱市下降 2.0 个百分点、昆明市下降 1.73 个百分点。

④2011—2013 年三年期间，云南省大学毕业生返乡就业率低于整体就业率。各州市的返乡就业率均低于本市总体就业率。

⑤2011—2013 年，跨境民族地区的返乡就业率高于非跨境民族地区，具体来说高出 1.4 个百分点。

（二）毕业生返乡就业单位选择情况

1. 云南省 2011—2013 年毕业生返乡就业单位选择情况分析

图 2-2 为 2011—2013 年云南省毕业生返乡就业构成情况。

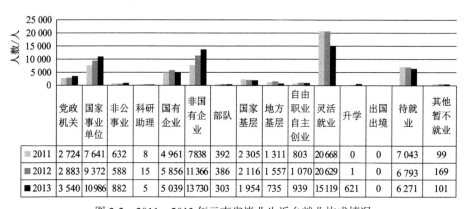

	党政机关	国家事业单位	非公事业	科研助理	国有企业	非国有企业	部队	国家基层	地方基层	自由职业自主创业	灵活就业	升学	出国出境	待就业	其他暂不就业
2011	2 724	7 641	632	8	4 961	7838	392	2 305	1 311	803	20668	0	0	7 043	99
2012	2 883	9 372	588	15	5 856	11366	386	2 116	1 557	1 070	20629	1	0	6 793	169
2013	3 540	10986	882	5	5 039	13730	303	1 954	735	939	15119	621	0	6 271	101

图 2-2　2011—2013 年云南省毕业生返乡就业构成情况

由图 2-2 得知，首先，整体看来，大学毕业生返乡谋职更多选择灵活就业、非国有企业、国有企业、国家事业单位。这一点同云南省整体就业情况基本相似。其次，三年的变化情况与整个云南省的就业变化情况一致，即在非国有企业就业的人数迅速上涨，在党政机关、国家事业单位的就业人数也在稳步上升。而毕业生选择灵活就业方式的人数三年间不断下降。其他就业去向，如科研助理、部队、国家基层、地方基层、升学、出国出境、待就业情况波动不大，基本稳定。由此能获得以下信息：

①2011—2013年云南省返乡就业的大学生整体就业方向为国有企业和非国有企业、事业单位，其他就业方向人数变化不大。

②2011—2013三年期间，返乡就业的大学生选择在非国有企业、党政机关和国家事业单位就业的人数迅速上涨，而选择灵活就业方式的人数不断下降。

③云南省选择返乡就业的大学毕业生在就业单位的选择上与云南省毕业生整体选择偏好基本一致。

由图 2-3 和图 2-4 可以看出，两地区返乡就业的大学生对就业单位和就业方式的偏好与全省的整体情况基本一致，主要是灵活就业、非国有企业、国有企业、国家事业单位。具体而言，跨境民族地区的返乡大学生在国家事业单位的就业人数稍高于非国有企业，而非跨境民族地区恰恰相反。从三年的整体变化趋势来看，两地区也与全省情况基本一致，即在党政机关、国家事业单位、非国有企业三大就业方向上呈上升趋势，在灵活就业方式上呈下降趋势。具体而言，两地区又存在着少许的差异。在国家事业单位上，跨境民族地区就业人数不断增加，而非跨境民族地区虽然总体上人数也在上涨，却在第二年出现小幅度的下降；在灵活就业方式上，非跨境民族地区三年在持续下移，而跨境民族地区却在第二年出现小幅度的上升之后，人数才开始下降。由此可以得出，两地区相比，跨境民族地区返乡就业的大学生对工作稳定单位的偏向更为强烈。

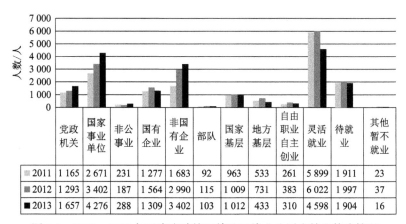

	党政机关	国家事业单位	非公事业	国有企业	非国有企业	部队	国家基层	地方基层	自由职业自主创业	灵活就业	待就业	其他暂不就业
2011	1 165	2 671	231	1 277	1 683	92	963	533	261	5 899	1 911	23
2012	1 293	3 402	187	1 564	2 990	115	1 009	731	383	6 022	1 997	37
2013	1 657	4 276	288	1 309	3 402	103	1 012	433	310	4 598	1 904	16

图 2-3　2011—2013 年云南省跨境民族地区毕业生返乡就业构成情况

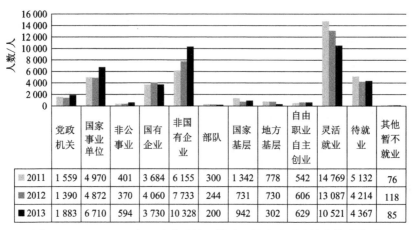

图 2-4　2011—2013 年云南非跨境民族地区毕业生返乡就业构成情况

	党政机关	国家事业单位	非公事业	国有企业	非国有企业	部队	国家基层	地方基层	自由职业自主创业	灵活就业	待就业	其他暂不就业
2011	1 559	4 970	401	3 684	6 155	300	1 342	778	542	14 769	5 132	76
2012	1 390	4 872	370	4 060	7 733	244	731	730	606	13 087	4 214	118
2013	1 883	6 710	594	3 730	10 328	200	942	302	629	10 521	4 367	85

2. 云南省跨境民族地区与非跨境民族地区大学生返乡就业单位选择情况对比

2013 年云南省跨境民族地区与非跨境民族地区大学生返乡就业情况对比如表 2-7 所示。

表 2-7　2013 年云南省跨境民族地区与非跨境民族地区大学生返乡就业单位比重比较

单位：%

单位分类	跨境民族地区	非跨境民族地区
党政机关	11.57	7.23
国家事业单位	24.66	20.38
非公事业	1.85	1.47
科研助理	—	—
国有企业	6.75	8.81
非国有企业	18.97	24.28
部队	0.59	0.57
国家基层	4.85	2.68
地方基层	3.00	1.11
自由职业自主创业	1.83	1.81
灵活就业	25.83	30.98
升学	—	—
出国出境	—	—
待就业	11.07	14.73
其他暂不就业	—	—

由表 2-7 可知，在就业单位的选择上，与非跨境民族地区的大学毕业生相比，跨境民族地区选择党政机关和国家事业单位的比重分别高出 4.34 个百分点和 4.28

个百分点;而选择非国有企业和灵活就业的比重却低了 5.31 个百分点和 5.15 个百分点;选择其他就业单位和就业方式的比重区别并不大。由此可以得出,两地区相比,跨境民族地区的毕业生在返乡就业的就业单位和方式上更注重稳定;相反,非跨境民族地区的毕业生在返乡就业的就业单位和方式上更为灵活。

（三）返乡就业单位选择情况对比

图 2-5 为 2013 年云南省跨境民族地区大学生返乡就业对比情况。

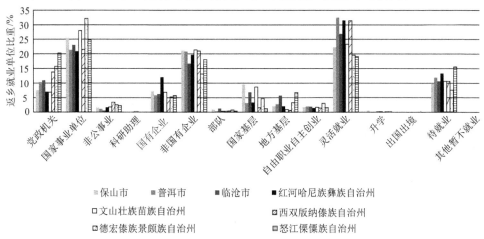

图 2-5　2013 年云南省跨境民族地区大学生返乡就业构成比重比较

由图 2-5 可以看出,云南省跨境民族地区大学返乡就业情况在整体上,与整个省份的大学生就业偏好相似,多集中在灵活就业、非国有企业、国家事业单位。然而,跨境民族地区对国家事业单位的青睐更强,已超过了对非国有企业的选择比重;并且对国有企业的偏好较弱,低于对党政机关的选择比重。具体而言,在这 8 个跨境的州市中,普洱市、保山市、西双版纳傣族自治州在灵活就业上的比重略高于其他州市;红河哈尼族彝族自治州的返乡就业大学生对国有企业的选择明显高于其他州市;8 个跨境州市对国家事业单位的选择都较高,其中,德宏傣族景颇族自治州、文山壮族苗族自治州、保山市最高;在党政机关单位方面,怒江傈僳族自治州最高,达到了 20%;而在非国有企业中,德宏傣族景颇族自治州的比重低于 15%,保山市、文山壮族苗族自治州、普洱市、西双版纳傣族自治州四州市超过了 20%。由此可以得出,2013 年云南跨境民族地区返乡就业的大学生对国家事业单位的偏好强,而非国有企业接纳的大学毕业生相对较少。

（四）毕业生返乡就业性别差异情况

1. 返乡就业大学生就业率性别差异分析

2011—2013 年云南省返乡就业大学生就业率的性别差异如表 2-8 所示。

表 2-8   2011—2013 年云南省返乡就业大学生就业率性别差异

年份	性别	总人数/人	就业人数/人	就业率/%
2011	男	22 079	20 356	92.20
	女	30 820	28 972	94.00
2012	男	25 273	23 430	92.71
	女	34 047	32 409	95.19
2013	男	23 422	21 765	92.93
	女	33 617	32 088	95.45

由表 2-8 可知，三年间选择返乡就业的女性不仅人数均多于男性，且就业率也高于男性。具体而言，2011—2013 年，女性选择返乡就业的人数分别比男性多出 8741 人、8774 人、10195 人，总体上呈现出上升趋势。在就业率方面，三年来女性分别高出男性 1.80%、2.48%、2.52%，每年以 0.41%的增幅上涨。由此可以得出，2011—2013 年三年间云南返乡大学生就业率存在性别上的差异，女性不仅返乡就业人数多于男性，且就业率也高于男性。

2. 返乡就业单位构成情况的性别差异

图 2-6 和图 2-7 分别为"2011—2013 年云南省男性毕业生返乡就业选择情况"和"2011—2013 年云南省女性毕业生返乡就业选择情况"。

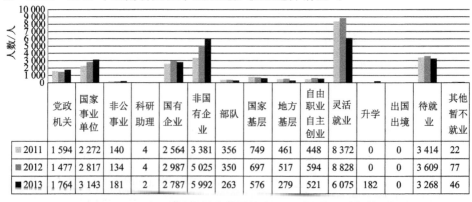

	党政机关	国家事业单位	非公事业	科研助理	国有企业	非国有企业	部队	国家基层	地方基层	自由职业自主创业	灵活就业	升学	出国出境	待就业	其他暂不就业
2011	1 594	2 272	140	4	2 564	3 381	356	749	461	448	8 372	0	0	3 414	22
2012	1 477	2 817	134	4	2 987	5 025	350	697	517	594	8 828	0	0	3 609	77
2013	1 764	3 143	181	2	2 787	5 992	263	576	279	521	6 075	182	0	3 268	46

图 2-6   2011—2013 年云南省男性毕业生返乡就业选择情况

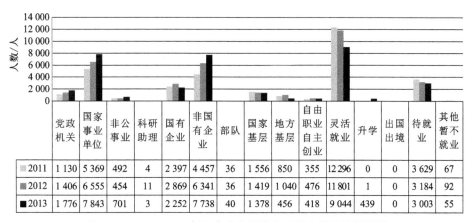

	党政机关	国家事业单位	非公事业	科研助理	国有企业	非国有企业	部队	国家基层	地方基层	自由职业自主创业	灵活就业	升学	出国出境	待就业	其他暂不就业
2011	1 130	5 369	492	4	2 397	4 457	36	1 556	850	355	12 296	0	0	3 629	67
2012	1 406	6 555	454	11	2 869	6 341	36	1 419	1 040	476	11 801	1	0	3 184	92
2013	1 776	7 843	701	3	2 252	7 738	40	1 378	456	418	9 044	439		3 003	55

图 2-7　2011—2013 年云南省女性毕业生返乡就业选择情况

由图 2-6 和图 2-7 可以看出，三年间云南省返乡就业男女毕业生在就业单位和就业方式上的偏好与全省的整体情况基本一致，主要是灵活就业、非国有企业、国有企业、国家事业单位。从三年的整体变化趋势来看，在国家事业单位和非国有企业两大就业方向上呈缓慢上升趋势；在灵活就业方式上呈下降趋势。在其余的就业单位选择方面基本上保持稳定的态势。

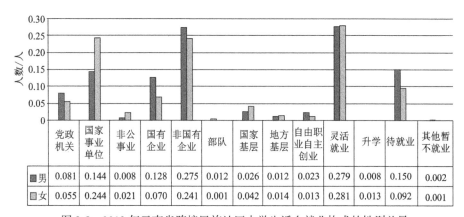

	党政机关	国家事业单位	非公事业	国有企业	非国有企业	部队	国家基层	地方基层	自由职业自主创业	灵活就业	升学	待就业	其他暂不就业
男	0.081	0.144	0.008	0.128	0.275	0.012	0.026	0.012	0.023	0.279	0.008	0.150	0.002
女	0.055	0.244	0.021	0.070	0.241	0.001	0.042	0.014	0.013	0.281	0.013	0.092	0.001

图 2-8　2013 年云南省跨境民族地区大学生返乡就业构成的性别差异

由图 2-8 可以看出，在就业构成上，第一，已成功就业的返乡男大学生在党政机关、国有企业、非国有企业、自由职业及自助创业这些单位分布的比重要高于女性；第二，已成功就业的返乡女大学生在国家事业单位、国家基层单位分布的比重要高于男性；第三，待就业方面男性也高于女性，这刚好印证了上述分析结论，即整体上女性的就业率要高于男性；第四，其他单位构成上的比重相差并不大。这表明从就业单位的构成上来看，男性和女性都有较为偏向的就业单位，然而女性比男性就业率稍高的原因主要在于女性待就业比重低于男性。

3. 返乡就业单位构成情况的性别差异

云南省返乡就业单位构成情况的性别差异如图 2-9、图 2-10、图 2-11、图 2-12 所示。

图 2-9、图 2-10、图 2-11、图 2-12 分别对云南省跨境民族地区和非跨境民族地区的男女毕业生返乡就业选择情况进行统计。从中可以看出，第一，从两地区男女选择单位的情况看，男女毕业生返乡就业的单位构成及其变化情况基本一致。其中，灵活就业、非国有企业、国有企业、国家事业所占人数最多。然而两地区还是存在少许差异，即跨境民族地区的毕业生对国家事业单位的选择偏好强于非跨境民族地区。第二，就跨境民族地区本身而言，就业单位构成比重与变化趋势在性

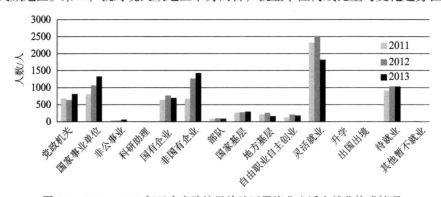

图 2-9　2011—2013 年云南省跨境民族地区男毕业生返乡就业构成情况

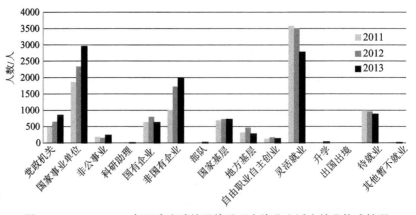

图 2-10　2011—2013 年云南省跨境民族地区女毕业生返乡就业构成情况

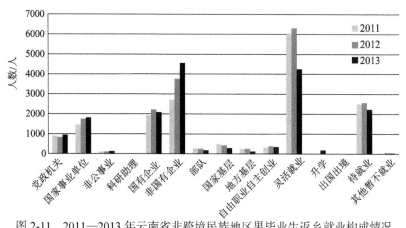

图 2-11 2011—2013 年云南省非跨境民族地区男毕业生返乡就业构成情况

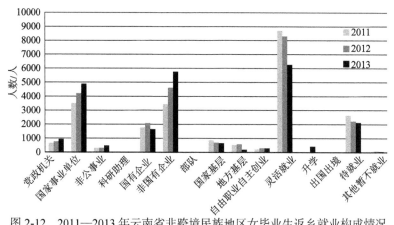

图 2-12 2011—2013 年云南省非跨境民族地区女毕业生返乡就业构成情况

别上差异并不大，但女性选择国家事业单位的人数远远高于男性。由此可以得出，女毕业生对国家单位的选择倾向高于男性，男性在非国有企业的选择上高于女性，跨境民族地区的毕业生对国家单位的选择倾向又高于非跨境民族地区。这表明女毕业生的维稳观念高于男性，跨境民族地区毕业生对就业稳定的要求高于非跨境民族地区的毕业生。

第三节 在校大学生返乡就业意向的数据分析

一、返乡就业意向的描述性统计

描述性统计采用不同生源地之间的比较，以呈现农村生源和跨境生源毕业生返乡就业意向与其他类型生源地毕业生的差异，归纳出初步的研究结论。

（一）调查结果的样本分布

总体样本的描述性统计：本书对 917 个有效样本进行分析，调查样本的院校分布情况如图2-13所示。其中,云南师范大学的样本为136人,占样本总数14.83%；云南民族大学的样本为 166 人，占样本总数 18.10%；云南财经大学的样本为 163 人，占样本总数 17.78%；云南农业大学样本为 126 人，占样本总数 13.74%；红河学院样本为 176 人，占样本总数 19.19%；昆明医科大学样本为 150 人，占样本总数 16.36%。样本在各院校的分布较为均衡。

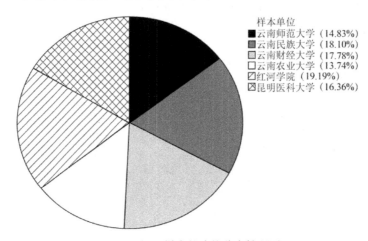

样本单位
■云南师范大学（14.83%）
■云南民族大学（18.10%）
□云南财经大学（17.78%）
□云南农业大学（13.74%）
□红河学院（19.19%）
☒昆明医科大学（16.36%）

图 2-13　调查样本的院校分布情况图

样本的学科类别分布情况如图 2-14 所示。频数分布较多的学科为理学类、医学类、经济学类和文学类，分别占总样本的 15.80%、14.70%、14.30%和 11.10%。频数分布较少的是史学类、艺术类、哲学类和法学类，分别占样本总量的 1.70%、3.90%、4.10%、4.50%。最低样本量为 16 份，最高样本量为 145 份。

样本的性别构成中，男生频数为 270，女生频数为 647，分别占样本总量的 29.40%和 70.60%，女生比重较大。样本的民族成分构成中，汉族占据大多数，其频数为 664，占样本总量的 72.40%；少数民族占 27.60%，为 253 人。在政治成分构成中，中共党员、共青团员、民主党派、普通群众的频数分别为 273、607、2、35，有效百分比分别为 29.80%、66.20%、0.20%、3.80%，中共党员和共青团员占据绝大多数。

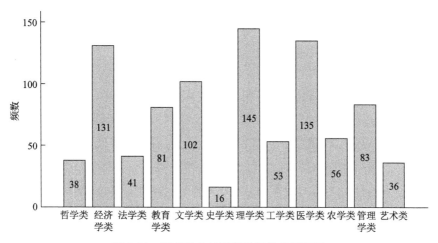

图 2-14 调查样本的学科类别分布情况图

调查样本的生源地构成与家庭所在地分布情况如图 2-15 所示。在生源地构成中，云南省外生源、云南省内跨境民族地区生源、云南省内非跨境民族地区生源三者的频数分别是 181、312、424，分别占样本总量的 19.74%、34.02%和46.24%。省内跨境民族地区包括保山市、红河哈尼族彝族自治州、文山壮族苗族自治州、普洱市、西双版纳傣族自治州、德宏傣族景颇族自治州、怒江傈僳族自治州、临沧市等，其频数分别为 67、74、35、25、25、29、12、45，调查样本在 8 个跨境民族州市中都有所分布，能够满足进行专项研究的需要。在家庭所在地的构成中，城市、乡镇、农村三者的频数分别是 204、225、488，分别占样本总量的 22.25%、24.54%、53.22%[①]。

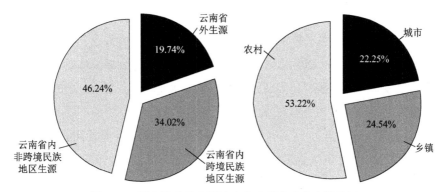

图 2-15 调查样本的生源地和家庭所在地分布情况图

① 因研究需要，本研究在数据处理过程中保留小数点后两位或一位，由于四舍五入的数据处理方式，会出现总和与 100%存在细微出入的情况。

据全国高校学生信息咨询与就业指导中心公布的统计结果，农村生源毕业生就业率与城市生源毕业生就业率无明显差异，主要原因在于农村生源毕业生就业观念更加务实、求职主动性强；用人单位更看重毕业生专业和能力，倾向于录用吃苦耐劳、踏实稳定的农村生源毕业生；国家近年来实施更加积极的就业政策促进农村生源毕业生就业创业。但据中国社会科学院发布的调查结果，就本科生而言，城市生源毕业生的就业率（87.7%）与农村生源毕业生就业率（69.5%）相差18.2个百分点。其中家庭的城乡背景对毕业生的就业机会有明显影响。落实到云南省来看，调查研究的数据却呈现出与这两种研究完全不同的结论。从省内外生源来看，云南省外生源地毕业生实际签约率最低（16.0%），而非跨境民族地区生源、跨境民族地区生源的毕业生实际签约率则明显高于云南省外生源毕业生，分别为26.4%、33.3%。城市、乡镇、农村生源的毕业生实际签约率依次增高，分别为18.6%、25.3%、30.7%。以上研究的差异充分表明云南省有自身特点，所以不能完全套用普遍性的研究结论和理论框架来看待云南省高校毕业生的就业问题。

（二）返乡就业的意愿强度

表 2-9 是返乡就业意愿与生源地的交叉制表。从表中可以看出，农村生源地的毕业生相对于城市生源、乡镇生源的毕业来说，返乡就业的意愿是最弱的（合计"比较强烈"和"非常强烈"两项）。高校毕业生的返乡就业意愿从城市、乡镇、农村呈现依次下降特征。这一特征看起来多少让人有些费解，但考虑到此处的"返乡就业"是广义的概念，那么也就没有什么不好理解之处。实际上，无论是城市生源的毕业生还是乡村生源的毕业生其实都更愿意选择到城市就业，乡村生源的毕业生返乡就业的意愿较弱，折射出来的是他们更倾向于选择到城市就业，而城市生源的毕业其返乡意愿更为强烈，当然也是回到城市就业。但从表现一般的意愿来看，农村和乡镇生源毕业生返乡就业的潜在可能性要大于城市和乡镇生源的毕业生。就省内外生源差异来看，云南省外生源、跨境民族地区生源、非跨境民族地区生源毕业生之间的返乡就业意愿也呈现下降特征，依次为45.3%、41.0%、37.7%。

表 2-9 毕业生返乡就业意愿与生源地的交叉制表 单位：%

生源地 [a]	从未想过	不太强烈	意愿一般	比较强烈	非常强烈
城市	4.4	11.8	34.8	39.2	9.8
乡镇	7.1	14.7	36.9	33.3	8

续表

生源地 [a]	从未想过	不太强烈	意愿一般	比较强烈	非常强烈
农村	4.5	15	44.3	26	10.2
云南省外	6.6	15.5	32.6	35.4	9.9
跨境民族地区	5.4	12.5	41	27.9	13.1
非跨境民族地区	4.2	14.9	43.2	30.9	6.8
合计	5.1	14.2	40.3	30.8	9.6

注：a 值为 1 时制表的二分组。百分比和总计以响应者为基础。

另一项调查题目更能清楚地印证这一结论，见表 2-10 所示。从表 2-10 可知，从就业地区期待来看，无论何种生源地，毕业生对选择到城市就业的倾向非常显著，基本上都在 60% 以上。其中，城市生源地毕业生和省外生源地毕业生更为强烈地选择到城市就业，而乡村生源地毕业生和省内生源地毕业生则要相对弱一些。不过，从就业地区容忍来看，无论何种生源地的毕业生都有着较为可观的到乡村就业的容忍，基本上比例也都在 60% 以上。其中，城市生源、乡镇生源、农村生源以及省外生源、省内跨境民族生源、省内非跨境民族生源的毕业生，对选择到乡村就业的容忍依次增强，对返乡就业可接受程度最高的仍然是农村生源的毕业生。从我们所界定的广义的返乡就业概念可知，省外生源的毕业生虽然有着强烈地回到省外地区工作的倾向，但他们对留在云南省内就业也是比较能够接受的。

表 2-10 毕业生就业地区选择与生源地的交叉制表   单位：%

生源地 [a]	就业地区期待		就业地区容忍	
	城市	乡村	城市	乡村
城市	83.3	16.7	37.7	62.3
乡镇	64	36	23.1	76.9
农村	65.8	34.2	12.1	87.9
云南省外	87.3	12.7	43.6	56.4
跨境民族地区	59.9	40.1	18.3	81.7
非跨境民族地区	68.4	31.6	12.3	87.7
合计	69.2	30.8	20.5	79.5

注：a 值为 1 时制表的二分组。百分比和总计以响应者为基础。

（三）返乡就业的方向期待

表 2-11 是返乡就业意愿下毕业生就业方向与其生源地差异之间的交叉制表。从表中可知，在返乡就业的方向选择上，城乡生源对于政府机关、国有企业和自主创业的选择差异并不明显；而在外资企业和民营企业选择上，城市生源的毕业生有更高的倾向性，而乡镇生源和农村生源的毕业生则更为青睐选择到事业单位就业。就省内外生源的差异来看，跨境民族地区生源的毕业生更为倾向选择到政府机关、事业单位就业，云南省外生源的毕业生对各类企业接受的程度要高一些。自主创业的倾向性在不同生源地的毕业生之间并没有明显的差异。

表 2-11　返乡就业意愿下毕业生就业方向与生源地的交叉制表　　　　单位：%

就业方向 [a]	城市	乡镇	农村	云南省外	跨境民族地区	非跨境民族地区
政府机关	21	19.8	20.5	17.1	23.7	19.7
事业单位	24.9	35.3	37.1	24.1	39.1	34.5
国有企业	17.8	16.4	16.4	19.3	13.6	17.7
外资企业	14.9	9.6	6.8	16	6.3	8.6
民营企业	10	7.3	8.1	12.6	6.9	7.5
自主创业	11.2	11.6	11.1	10.9	10.5	11.9
合计	100	100	100	100	100	100

注：a 值为 1 时制表的二分组。百分比和总计以响应者为基础。

表 2-12 是一般就业意愿之下的就业方向与其生源地差异之间的比较。从表中可以看出，在一般就业意愿之下，毕业生的就业方向在不同生源地之间分布较为均衡，而对此表 2-11，可知在返乡就业意愿之下这种分布存在较为明显的差异。由此可以得出如下结论，即便乡村生源地的毕业生愿意返乡就业，他们也倾向于选择政府机关和事业单位，而不是各类企业。两者在自主创业上的比例并无明显差异，由此可以看出，影响高校毕业生自主创业的因素具有普遍性。

表 2-12 一般意愿下毕业生就业方向与生源地的交叉制表 单位：%

就业方向[a]	城市	乡镇	农村	云南省外	跨境民族地区	非跨境民族地区
政府机关	19.7	20.1	19.1	17.0	21.4	19.2
事业单位	23.4	28.2	28.2	20.3	29.4	28.7
国有企业	20.2	18.9	18.7	20.9	17.2	19.5
外资企业	18.5	13.5	13.6	17.8	13.2	14.3
民营企业	8.0	9.7	9.2	12.6	8.5	7.6
自主创业	10.3	9.7	11.2	11.4	10.2	10.6
合计	100	100	100	100	100	100

注：a 值为 1 时制表的二分组。百分比和总计以响应者为基础。

表 2-13 是返乡就业意愿下毕业生职业方向选择与生源地差异之间的交叉制表。从表中可以看出，在有返乡就业意愿的毕业生中，乡村生源相对于城市生源更倾向于把其职业方向定位在专业技术人员和专业辅助人员上，而后者更为倾向行政管理人员和企业管理人员；省内生源的毕业生较之省外生源的毕业生更期望把专业技术类和行政管理类人员作为自己的职业方向定位，而省外生源则更为侧重企业管理人员。相对来说，跨境民族地区生源的毕业生在三类生源中最为侧重专业技术类和行政管理类人员，而最不倾向将企业管理类人员作为职业方向定位。选择商人作为职业方向定位，在城乡生源之间差异不明显，跨境民族地区生源对此有更多的选择倾向。

表 2-13 返乡就业意愿下毕业生职业方向与生源地的交叉制表 单位：%

职业方向[a]	城市	乡镇	农村	云南省外	跨境民族地区	非跨境民族地区
专业技术人员	18.5	24.1	27.3	20.8	28.9	23.1
专业辅助人员	10.7	15.5	14.1	9.3	12.8	16.1
行政管理人员	30.5	25.6	27.1	24.2	29.1	28
企业管理人员	26	21.2	16.6	31.2	11.6	20.5
工人	1	1.9	3.4	1.5	2.8	2.7
商人	13.3	11.7	11.4	13	14.7	9.6
合计	100	100	100	100	100	100

注：a 值为 1 时制表的二分组。百分比和总计以响应者为基础。

（四）返乡就业的薪资容忍

表 2-14 是返乡就业意愿下毕业生薪资水平容忍与生源地间的交叉制表。从表中可以看出，总体上具有返乡就业意愿的毕业生普遍具有较高的薪资水平容忍，即大多数有此意愿的毕业生实际上能够接受较低的薪资水平。表示能够容忍 3000元以下薪资水平的毕业生比例为 66.9%，超过总人数的三分之二。其中，相对于城市、乡镇生源地的毕业生，农村生源的毕业生有着明显更高的薪资水平容忍，表示能够接受 3000 元以下薪资水平的比例为 73.2%，高出其他两类生源十多个百分点。而云南省内具有返乡就业意愿的毕业生相对来说有着更高的薪资水平容忍，云南省外的生源在表示返乡就业时有着更高的薪资水平期待。

表 2-14　返乡就业意愿下毕业生薪资水平容忍与生源地间的交叉制表　单位：%

生源地 [a]	1500 元以下	1501～3000 元	3001～5000 元	5001～8000 元	8000 元以上
城市	2.9	58.8	32.8	4.9	0.5
乡镇	4	53.8	34.7	3.6	4
农村	2.7	70.5	25.4	1	0.4
云南省外	3.9	53	35.9	3.3	3.9
跨境民族地区	3.2	64.4	28.8	2.2	1.3
非跨境民族地区	2.6	67.9	26.9	2.4	0.2
合计	3.1	63.8	29.3	2.5	1.3

注：a 值为 1 时制表的二分组。百分比和总计以响应者为基础。

总体来看，薪资水平的这一容忍度分布与一般意愿下毕业生的容忍度分布，相差不大。一般意愿下毕业生的容忍度在不同生源之间分布更显得均衡一些。

二、返乡就业意向的交互分析

我们仍然以就业意向影响因素的构成维度为自变量，以返乡就业意向作为因变量，确定影响毕业生就业意向的关键因子。因变量又分为选择返乡就业的意愿强度、薪资水平容忍 2 个构成指标。自变量基本上仍采取前面所列，并对部分影响维度做了简化。关于就业能力主要考虑知识能力、实践能力、技术能力、职业能力，关于就业观念仍然考虑就业行为倾向和职业价值观念，关于就业资本主要考虑政治资本、父母受教育程度、个人教育投入、家庭教育投入和父母建议重要性程度等指标。

返乡就业意向的交互分析采用狭义的"返乡就业"概念，样本对象只采用云南省内非城市生源地的高校毕业生。确定过程是：首先删除云南省外生源，保留云南省内生源；然后再删除城市生源，保留乡镇生源和农村生源。不再区分跨境民族地区和非跨境民族地区生源的差异。

本部分的基本假设是所列就业影响各维度对毕业生的返乡就业意向具有显著的影响。依据就业意向影响维度的构成，在这部分提出4个基本假设进行验证：

基本假设1：就业能力对返乡就业意向存在着显著的影响。

基本假设2：就业观念对返乡就业意向存在着显著的影响。

基本假设3：就业资本对返乡就业意向存在着显著的影响。

基本假设4：就业政策认知对返乡就业意向存在着显著的影响。

（一）就业能力对返乡就业意向的影响

依据所选定返乡就业意向的两个构成指标，将建构 2 个次级假设对基本假设 1 进行验证：次级假设 1-1 为就业能力对返乡就业意愿的强度有显著的影响；次级假设 1-2 为就业能力对返乡就业的薪资水平容忍有显著的影响。

1. 就业能力对返乡就业意愿的影响

为便于进行二元逻辑回归，我们对毕业生返乡就业意向的调查题目选项进行了合并，把"从未想过""不太强烈""意愿一般"归并为"意愿较弱"，把"比较强烈""非常强烈"归并为"意愿较强"。

就业能力与返乡就业意愿强度的相关性分析表明：只有计算机水平等级证书的获取情况与之在 0.01 水平上呈显著正相关，即计算机能力越高的毕业生，其返乡就业的意愿就越强烈。由于其他各项的就业能力均与之无显著相关，因此仅凭这一项很难得出更多的结论。

进一步的回归分析表明，返乡就业意愿能够与就业能力之间建构回归方程，其中毕业生的计算机能力和职业规划能力能够进入方程，见表 2-15。具体的解释是：毕业生的计算机能力较强，或职业规划能力较强，其能够产生较强的返乡就业意向。

表 2-15 就业能力与返乡就业意愿强度二元逻辑回归方程中的变量输出表

就业能力	B	S.E	Wald	df	p	Exp（B）	Exp（B）的95% C.I.	
							下限	上限
学习成绩班级排名	0.074	0.109	0.462	1	0.497	1.077	0.870	1.334
学生干部任职经历	−0.281	0.182	2.399	1	0.121	0.755	0.529	1.078
有薪兼职工作经历	0.248	0.237	1.091	1	0.296	1.281	0.805	2.039
职业资格证书	0.205	0.198	1.07	1	0.301	1.228	0.832	1.812
奖学金获得情况	−0.264	0.191	1.91	1	0.167	0.768	0.528	1.117
英语水平等级证书	−0.248	0.197	1.587	1	0.208	0.78	0.53	1.148
计算机水平等级证书	0.686	0.212	10.517	1	0.001	1.987	1.312	3.008
实习经历	−0.191	0.190	1.017	1	0.313	0.826	0.569	1.198
职业规划设计	0.340	0.190	3.219	1	0.073	1.405	0.969	2.038
职业专项训练	−0.020	0.184	0.012	1	0.912	0.980	0.684	1.404
常量	−1.101	0.436	6.365	1	0.012	0.333		

综上所论，可以得出如下判断：毕业生的就业能力对其返乡就业的意愿强度有着显著的影响。次级假设 1-1 能够通过验证，接受原假设。

2. 就业能力对返乡就业薪资水平容忍的影响

初步的相关性交互分析（表 2-16）表明，毕业生返乡就业薪资水平容忍与就业能力之间存在着显著相关。其中毕业生学习成绩班级排名、学生干部任职情况以及职业规划情况、职业专项训练情况对返乡就业的薪资容忍有显著的正相关，即学习成绩排名越是靠后、担任过学生干部、进行过职业规划或职业专项训练的毕业生对返乡就业的薪资水平有着更低的容忍度，也就是说他们更期待较高的薪资水平。

表 2-16 返乡就业薪资水平容忍与就业能力的相关性列表

		学习成绩班级排名	奖学金获得情况	学生干部任职经历	有薪兼职工作经历	实习经历
薪资水平容忍	Pearson 相关性	0.102*	0.015	0.115**	−0.002	−0.057
	显著性（双侧）	0.012	0.713	0.004	0.959	0.16

续表

		职业资格证书	英语水平等级证书	计算机水平等级证书	职业规划设计	职业专项训练
薪资水平容忍	Pearson 相关性	−0.065	0.043	0.051	0.146**	0.081*
	显著性（双侧）	0.108	0.286	0.204	0.000	0.045
	N	610	610	610	610	610

注：**在 0.01 水平（双侧）上显著相关。*在 0.05 水平（双侧）上显著相关。

就业能力和返乡就业薪资水平容忍之间的进一步回归表明，能够建立两者间的回归方程（表 2-17），其中毕业生的学习成绩班级排名、学生干部任职情况、外语能力、实习经历、职业规划意识等均能进入方程，具有统计学意义。其中成绩排名靠后、担任过学生干部、外语能力较好，或者职业规划意识较强的，更能够促成毕业生选择较低的薪资水平容忍，即这部分毕业生会产生更高的薪资水平期待。但相比没有实习经历的毕业生，那些具有实习经历的毕业生更能够产生较高的薪资水平容忍，也就是说，他们更能够容忍较低的薪资待遇。

表 2-17　就业能力与返乡就业薪资水平容忍二元逻辑回归方程中的变量输出表

就业能力	B	S.E	Wald	df	p	Exp（B）	Exp（B）的 95% C.I.	
							下限	上限
学习成绩班级排名	0.359	0.117	9.461	1	0.002	1.432	1.139	1.801
学生干部任职经历	0.615	0.201	9.375	1	0.002	1.85	1.248	2.742
有薪兼职工作经历	−0.41	0.248	2.733	1	0.098	0.663	0.408	1.079
职业资格证书	−0.269	0.21	1.648	1	0.199	0.764	0.507	1.152
奖学金获得情况	0.037	0.207	0.032	1	0.859	1.038	0.691	1.558
英语水平等级证书	0.44	0.215	4.176	1	0.041	1.553	1.018	2.369
计算机水平等级证书	0.013	0.226	0.003	1	0.954	1.013	0.65	1.579
实习经历	−0.525	0.201	6.837	1	0.009	0.592	0.399	0.877
职业规划设计	0.723	0.209	11.983	1	0.001	2.06	1.368	3.101
职业专项训练	0.026	0.197	0.017	1	0.896	1.026	0.697	1.511
常量	−1.733	0.469	13.669	1	0	0.177		

综上所论，可以得出如下判断：毕业生的就业能力对其返乡就业薪资水平容

忍有着显著的影响。次级假设 1-2 能够通过验证，接受原假设。

对次级假设 1-1 和次级假设 1-2 进行汇总可以做出判断：就业能力对毕业生的返乡就业意向具有显著影响。基本假设 1 通过验证，能够接受。

（二）就业观念对返乡就业意向的影响

同样依据所选定返乡就业意向的两个构成指标，将建构两个次级假设对基本假设 2 进行验证：次级假设 2-1 为就业观念对返乡就业意愿的强度有显著影响；次级假设 2-2 为就业观念对返乡就业的薪资水平容忍有显著的影响。

1. 就业观念对返乡就业意愿的影响

对两个变量进行相关性分析，结果显示：毕业生返乡就业的意愿强度与就业观念之间存在着显著相关，其中"权力大小""人际关系拓展"两项职业价值观念对返乡就业的意愿强度存在着显著负相关，其他就业观念项目与此无显著相关。也就是说，认为"权力大小"和"人际关系拓展"重要的毕业生，其返乡就业的意愿相对来说比较弱；反之，并不看重这些因素的毕业生更愿意选择返乡就业。这两项是否对返乡就业意愿有显著影响还需进一步的回归验证。

进一步的回归分析表明，在就业观念和返乡就业意愿之间能够建立回归方程，其中"工作稳定性""权力大小""人际关系拓展"三项就业观念能够进入方程，其他各项就业观念不能进入，无统计学意义。其中，认为"工作稳定性"重要，能够促成毕业生增强返乡就业的意愿；但认为"权力大小"和"人际关系拓展"重要，则会降低毕业生返乡就业的意愿，见表 2-18。

表 2-18　就业观念与返乡就业意愿强度二元逻辑回归方程中的变量输出表

就业观念	B	S.E	Wald	df	p	Exp（B）	Exp（B）的 95% C.I.	
							下限	上限
工作人文环境	−0.146	0.213	0.468	1	0.494	0.864	0.569	1.312
职业的社会地位	−0.037	0.191	0.038	1	0.845	0.963	0.663	1.401
工作稳定性	0.511	0.236	4.705	1	0.03	1.667	1.051	2.645
发展机会	−0.299	0.283	1.113	1	0.292	0.742	0.426	1.292
薪酬福利	−0.062	0.245	0.064	1	0.800	0.94	0.581	1.519

续表

就业观念	B	S.E	Wald	df	p	Exp（B）	Exp（B）的95% C.I.	
							下限	上限
能力提升	0.366	0.258	2.015	1	0.156	1.442	0.87	2.39
权力大小	−0.334	0.19	3.103	1	0.078	0.716	0.493	1.038
经济效益增加	0.067	0.239	0.078	1	0.781	1.069	0.669	1.707
人际关系拓展	−0.563	0.253	4.952	1	0.026	0.569	0.347	0.935
常量	−0.257	0.335	0.588	1	0.443	0.773		

综上所论，可以得出如下判断：毕业生的就业能力对其返乡就业的意愿强度有着显著的影响。次级假设2-1能够通过验证，接受原假设。

2. 就业观念对返乡就业薪资容忍的影响

两个变量的相关性分析结果显示：毕业生返乡就业薪资容忍水平与就业观念之间存在着显著相关，其中"职业的社会地位""工作的稳定性""薪酬福利""权力大小"就业观念项目与返乡就业薪资水平容忍之间存在着显著的正相关，即越是认为这几项观念重要的毕业生，对返乡就业薪资水平有更高的期待，其越具有更低薪资水平的容忍度。这几项观念是否对薪资水平容忍具有影响还需进一步回归验证。

回归分析的结果表明：能够建立就业观念与返乡就业薪资水平容忍之间的回归方程，其中"职业的社会地位""薪酬福利""能力提升""权力大小"就业观念项目能够进入方程。其中，认为"职业的社会地位""薪酬福利""权力大小"重要，能够促成毕业生降低其对返乡就业薪资水平的容忍，即将促使这些毕业生提高其薪资水平的期待。但认为"能力提升"重要，则会提高毕业生对返乡就业薪资水平的容忍度，使他们更能够接受较低的薪资水平同，见表2-19。

综上所述可以判断：就业观念对毕业生的返乡就业薪资容忍水平有显著的影响。次级假设2-2能够通过验证，接受原假设。

表 2-19　就业观念与返乡就业薪资水平容忍二元逻辑回归方程中的变量输出表

就业观念	B	S.E	Wald	df	p	Exp（B）	Exp（B）的95% C.I.	
							下限	上限
工作人文环境	0.011	0.236	0.002	1	0.962	1.011	0.637	1.607
职业的社会地位	0.341	0.202	2.851	1	0.041	1.407	0.947	2.091
工作稳定性	0.210	0.256	0.674	1	0.412	1.234	0.747	2.036
发展机会	0.060	0.332	0.033	1	0.855	1.062	0.555	2.034
薪酬福利	0.915	0.308	8.824	1	0.003	2.496	1.365	4.564
能力提升	−0.649	0.264	6.051	1	0.014	0.523	0.312	0.877
权力大小	0.564	0.192	8.606	1	0.003	1.758	1.206	2.563
经济效益增加	−0.081	0.272	0.088	1	0.766	0.922	0.541	1.573
人际关系拓展	0.336	0.294	1.309	1	0.253	1.400	0.787	2.490
常量	−1.873	0.414	20.486	1	0.000	0.154		

对次级假设 2-1 和次级假设 2-2 进行汇总，可以做出判断：就业观念对毕业生的返乡就业意向具有显著影响。基本假设 2 通过验证，能够接受。

（三）就业资本对返乡就业意向的影响

同样依据所选定返乡就业意向的两个构成指标，建构两个次级假设对基本假设 3 进行验证：次级假设 3-1 为就业资本对返乡就业意愿的强度有显著影响；次级假设 3-2 为就业资本对返乡就业的薪资水平容忍有显著的影响。

1. 就业资本对返乡就业意愿的影响

两个变量的相关性分析结果显示：毕业生返乡就业的意愿强度与就业资本之间存在着若干的显著相关，专业学习的重要性程度、个人教育投入与返乡就业意愿之间分别在 0.05 和 0.01 的水平上存在显著正相关。

进一步的回归分析表明，两个变量之间能够建构回归方程（表 2-20），但只有"父母建议的作用"能够进入方程，其他各项就业资本均不能进入方程，没有显著的统计学意义。具体的解释是：认为父母建议重要，会增加毕业生返乡就业意愿的强度。之所以如此，可能是因为父母更希望自己的子女能够选择离家比较近的地方就业工作。

综上所述可以判断：就业资本对毕业生返乡就业的意愿强度有显著的影响。次级假设3-1能够通过验证，可以接受。

表 2-20　就业资本与返乡就业意愿强度二元逻辑回归方程中的变量输出表

就业资本	B	S.E	Wald	df	p	Exp（B）	Exp（B）的95% C.I. 下限	Exp（B）的95% C.I. 上限
专业学习的重要性	0.225	0.175	1.658	1	0.198	1.253	0.889	1.765
政治面貌	0.159	0.191	0.693	1	0.405	1.173	0.806	1.706
独生子女	0.395	0.282	1.963	1	0.161	1.485	0.854	2.582
个人教育投入	−0.169	0.127	1.786	1	0.181	0.844	0.659	1.082
父母建议的作用	0.763	0.177	18.488	1	0.000	2.145	1.515	3.037
父母受教育程度	−0.210	0.220	0.915	1	0.339	0.811	0.527	1.246
家庭教育投入	0.069	0.181	0.146	1	0.703	1.072	0.751	1.529
与辅导员班主任联系	−0.328	0.241	1.853	1	0.173	0.721	0.449	1.155
就业帮助人数	−0.085	0.203	0.175	1	0.675	0.919	0.617	1.367
常量	−0.375	0.497	0.57	1	0.450	0.687		

综上所述可以判断：就业资本对毕业生返乡就业的意愿强度有显著的影响。次级假设3-1能够通过验证，可以接受。

2. 就业资本对返乡就业薪资水平容忍度的影响

依然先进行变量间的相关性分析，结果表明：毕业生返乡就业薪资水平容忍与其所拥有的就业资本之间存在着显著相关，"父母建议的作用"和"家庭教育投入"与返乡就业薪资水平容忍之间存在着显著的正相关，即认为父母建议很重要，或家庭教育投入越多的毕业生，其对返乡就业薪资水平容忍度更低，他们更期待较高的薪资水平待遇。这些就业资本项目对薪资水平容忍是否具有显著影响？

进一步的回归分析（表2-21）表明：两个变量之间能够建构回归方程，就业资本中的"个人教育投入"、"父母建议重要性程度"和"就业帮助人数"能够进入方程，具有统计学意义。其中，较高的个人教育投入，或认为父母建议很重要，会促使毕业生更不会选择较高的薪资水平期待，也就是说，他们会产生更高薪资水平容忍。这个结果多少有些令人感到意外。就业获助人数较多，会促使毕业生选择较低的薪资水平容忍，也就是说，他们更期待较高的薪资水平。

综上所述可以判断：就业资本对毕业生的返乡就业薪资容忍水平有显著的影响。次级假设 3-2 能够通过验证，接受原假设。

表 2-21　就业资本与返乡就业薪资水平二元逻辑回归方程中的变量输出表

就业资本	B	S.E	Wald	df	p	Exp（B）	Exp（B）的 95% C.I.	
							下限	上限
专业学习的重要性	0.261	0.188	1.927	1	0.165	1.298	0.898	1.876
政治面貌	−0.283	0.211	1.801	1	0.180	0.754	0.499	1.139
独生子女	0.207	0.288	0.518	1	0.472	1.231	0.699	2.165
个人教育投入	−0.356	0.130	7.459	1	0.006	0.701	0.543	0.904
父母建议的作用	−0.544	0.194	7.868	1	0.005	0.580	0.397	0.849
父母受教育程度	0.336	0.223	2.266	1	0.132	1.399	0.904	2.165
家庭教育投入	0.091	0.194	0.219	1	0.640	1.095	0.749	1.601
与辅导员班主任联系	0.350	0.243	2.067	1	0.150	1.419	0.881	2.285
就业帮助人数	0.676	0.209	10.408	1	0.001	1.965	1.304	2.963
常量	0.219	0.511	0.185	1	0.667	1.245		

对次级假设 3-1 和次级假设 3-2 进行汇总，可以做出判断：就业资本对毕业生的返乡就业意向具有显著影响。基本假设 3 通过验证，能够接受。

（四）就业政策认知对返乡就业意向的影响

同样依据所选定的返乡就业意向的两个构成指标，建构两个次级假设对基本假设 4 进行验证：次级假设 4-1 为就业政策响应对返乡就业意愿的强度有显著影响；次级假设 4-2 为就业政策响应对返乡就业的薪资水平容忍有显著的影响。

1. 就业政策认知对返乡就业意愿的影响

先进行这两个变量之间的相关性分析，结果表明：毕业生返乡就业的意愿强度与就业政策响应之间存在着显著相关，对大学生自主创业的了解程度与返乡就业意愿之间在 0.05 的水平上存在显著相关关系，其他各项政策认知均与此无显著相关。对大学生自主创业越是了解的毕业生，其返乡就业的意愿强度越低。看来高校毕业生的返乡就业与自主创业之间存在着特定的冲突，还需进一步验证自主创业了解程度对返乡就业意愿究竟是否存在显著的影响。

　　表 2-22 是就业政策认知与毕业生返乡就业意愿强度之间的回归变量输出列表，从中可以看出：能够在毕业生返乡就业意愿强度与就业政策响应之间建构回归方程，其中对"大学生村官"政策和对大学生自主创业的认知程度能够进入方程，具有统计学意义。具体解释是：对"大学生村官"政策的认知程度高，更能够促使毕业生对返乡就业做出积极响应；但对大学生自主创业的了解程度高，则不能够促使毕业生对返乡就业做出积极响应。前一结论可以理解，但后一结论令人多少有些费解。可能的原因是，即便大学生乐于自主创业，但他们也不愿意返回到家乡去实施。

　　综上所述，可以得出如下的结论：就业政策响应对毕业生的返乡就业意愿存在着显著的影响。次级假设 4-1 能够通过，接受原假设。

表 2-22　就业政策认知与返乡就业意愿强度二元逻辑回归方程中的变量输出表

就业政策认知	B	S.E	Wald	df	p	Exp（B）	Exp（B）的95%C.I.	
							下限	上限
大学生村官	0.534	0.287	3.468	1	0.063	1.706	0.972	2.995
"三支一扶"	0.198	0.325	0.373	1	0.541	1.219	0.645	2.303
大学生自主创业	−0.609	0.27	5.071	1	0.024	0.544	0.32	0.924
大学生志愿服务西部计划	−0.41	0.295	1.937	1	0.164	0.664	0.373	1.182
农村特岗教师计划	0.24	0.205	1.374	1	0.241	1.271	0.851	1.899
中小企业吸纳毕业生	−0.07	0.276	0.065	1	0.799	0.932	0.543	1.601
常量	−0.487	0.106	21.248	1	0	0.614		

　　2. 就业政策认知对返乡就业薪资水平容忍的影响

　　仍然先进行这两个变量之间的相关性分析，结果表明：毕业生返乡就业的薪资水平容忍与大学生自主创业的了解程度存在显著相关，其他各项政策认知均与之没有显著相关。对大学生自主创业的了解程度越高的毕业生，对返乡就业薪资水平的容忍度就越低，他们期望更高的返乡就业薪资水平。

　　进一步的回归分析显示了更为复杂的结果，见表 2-23。首先，能够在就业政策认知和返乡就业薪资水平容忍之间建立回归方程，其中对"三支一扶"计划、大学生自主创业、农村特岗教师计划的认知程度能够进入方程，具有统计学意义。具体的解释是：对"三支一扶"计划或农村特岗教师计划的认知程度高，更能够促使毕业生不去选择较高返乡就业薪资水平容忍，即更能使他们接受较低的薪资水平待遇；但是对大学生自主创业的认知程度高，则更能够促使毕业生选择较低的薪资水平容忍，即更能使他们产生较高的薪资水平期待。后一个结论能够印证前面所述的相关性分析的结论。毕业生对自主创业的了解程度越高为什么会促使其产生更高的薪资水平期待呢？这可能与那些有自主创业想法的毕业生自身心理特质有关系。这一群体往往对自己有着更多的自信和更高的期待，所以存在较低的薪资水平容忍是能够理解的。

表 2-23　就业政策认知与返乡就业薪资水平容忍二元逻辑回归方程中的变量输出表

就业政策认知	B	S.E	Wald	df	p	Exp(B)	Exp(B) 的 95% C.I.	
							下限	上限
大学生村官	−0.131	0.31	0.178	1	0.673	0.878	0.478	1.610
"三支一扶"	−0.933	0.388	5.779	1	0.016	0.393	0.184	0.842
大学生自主创业	0.921	0.265	12.062	1	0.001	2.513	1.494	4.227
大学生志愿服务西部计划	0.396	0.303	1.714	1	0.191	1.487	0.821	2.691
农村特岗教师计划	−0.615	0.236	6.807	1	0.009	0.541	0.341	0.858
中小企业吸纳毕业生	0.293	0.279	1.109	1	0.292	1.341	0.777	2.315
常量	−0.85	0.112	57.684	1	0	0.427		

综上所述，可以得出如下的结论：就业政策响应对毕业生的返乡就业薪资水平容忍存在着显著的影响。次级假设 4-2 能够通过，接受原假设。

对次级假设 4-1 和次级假设 4-2 进行汇总，可以做出判断：就业政策认知对毕业生的返乡就业意向具有显著影响。基本假设 4 通过验证，能够接受。

三、返乡就业意向相关因素的描述性统计

为了能够更直接地从高校毕业生那里获取全面的关于返乡就业意向的信息，问卷设计中还单列了对选择返乡就业的考虑因素、希望政府提供的政策支持以及制约返乡就业的主要因素这些项目的考察。下面就对此三个方面予以描述统计分析。

（一）选择返乡就业的考虑因素

表 2-24 是返乡就业的考虑因素与生源地的交叉制表。从中可以看出：愿意返乡就业的主要考虑因素从总体上说更为偏重"便于照顾父母"、"社会支持系统较强"以及"回家比较方便"这几项因素。就不同生源地毕业生的差异来看，乡镇和农村生源毕业生对"职业发展前景好"这一项因素相对于城市生源的毕业生来说更为侧重些，而城市生源的毕业生则更倾向"社会支持系统较强"和"具有更大职业空间"。云南省内生源的毕业生相对来说更为侧重"便于照顾父母"，而省外生源的毕业生明显更为看重"具有更大职业空间"。虽然如此，但不同生源的毕业生对选择返乡就业所列出的主要考虑因素的分布上都与总体分布相一致，相互之间并没有存在特别显著的差异。

表 2-24　返乡就业的考虑因素与生源地的交叉制表　　　　单位：%

返乡就业的考虑因素 [a]	城市	乡镇	农村	云南省外	跨境民族地区	非跨境民族地区	合计
就业压力小机会多	36.1	35.0	32.2	24.0	40.4	32.9	33.7
职业发展前景好	24.3	32.3	29.9	24.0	31.4	29.9	29.2
符合个人职业规划	40.6	45.3	35.5	44.7	37.8	37.4	39.0
便于照顾父母	78.2	74.9	75.6	67.0	79.2	77.5	76.0
生活成本比较低	36.1	35.9	38.1	30.2	36.2	40.8	37.1
社会支持系统较强	63.4	48.9	48.2	57.5	51.0	49.8	51.7
具有更大职业空间	42.1	32.3	34.6	43.6	33.7	33.9	35.7
回家比较方便	46.5	41.7	44.5	45.3	42.3	45.3	44.2
总计	202	223	488	179	312	422	3166

注：a 值为 1 时制表的二分组。百分比和总计以响应者为基础。

（二）希望政府提供的政策支持

而对返乡就业过程中希望"政府所能提供的政策支持"项目的选择上，较之"选择返乡就业的主要考虑因素"，所列出的政策支持项目被选择的比例分布比较均衡，基本上都在 40%～60%。这说明目前关于毕业生返乡就业实际上政府所做的还不够，还存在着非常大的改进空间。相对来说，建议较为集中的是"扩大就业渠道"（64.9%）、"提高薪酬福利"（55.7%）、"就业或创业培训"（53.6%）等项目。就不同生源地毕业生的差异来看，乡村生源的毕业生更期望政府能够进行"创业技术指导"，而城市生源的毕业生则更期望能够"税费优惠减免""简化办事流程""扩大就业渠道"；省外生源的毕业生更期望政府能够"简化办事流程"和"扩大就业渠道"，而省内生源的毕业生则更期望政府能够提供"就业或创业培训""创业技术指导"等。总而言之，乡村生源和省内生源的毕业生更希望政府能够提供实际的技术指导和相应的技能培训，而城市生源和省外生源的毕业生则把更多的建议置于政府效能的提升之上，具体见表2-25。

表 2-25　返乡就业中希望政府提供与生源地的交叉制表　　单位：%

希望政府提供的 政策支持 [a]	城市	乡镇	农村	云南 省外	跨境民 族地区	非跨境民 族地区	总计
就业或创业培训	49.0	50.7	56.8	47.0	54.0	56.0	53.6
税费优惠减免	43.6	39.1	38.5	37.0	42.1	39.2	39.8
提高薪酬福利	57.4	56.0	54.9	54.1	58.2	54.6	55.7
设立创业扶持基金	36.6	46.7	38.9	37.6	43.7	39.0	40.3
创业技术指导	41.6	47.1	45.3	42.0	46.3	45.2	44.9
简化办事流程	55.9	41.3	45.3	54.1	43.1	46.1	46.7
扩大就业渠道	71.3	64.4	62.5	70.7	59.8	66.2	64.9
提供就业信息	46.5	37.8	45.1	47.0	39.5	45.2	43.6
总计	202	225	488	181	311	423	3564

注：a值为1时制表的二分组。百分比和总计以响应者为基础。

（三）返乡就业的主要制约因素

表2-26是返乡就业中主要制约因素与生源地间的交叉列表，从表中可以看出：制约大学生返乡就业的主要因素是"薪酬福利低""地区欠发达""发展前景小"，而之前笔者所预期的"社会认同低""观念难转变"等竟然是毕业生认为最不重要的制约因素。看来制约当前大学生返乡就业的主要因素不是观念层面的因素，更多的仍然是公平的制度是否能够跟进的问题，说到底乃是城乡二元发展结构所导致的城乡差距能否及时消除的问题。

表 2-26　返乡就业中主要制约因素与生源地间的交叉制表　　　单位：%

制约因素 [a]	城市	乡镇	农村	云南省外	跨境民族地区	非跨境民族地区	总计
薪酬福利低	65.2	57.6	63.7	61.7	61.2	63.9	62.6
地区欠发达	65.7	62.5	66.8	56.7	72.1	64.4	65.5
发展前景小	60.8	60.7	67.0	58.3	61.2	68.6	64.1
社会认同低	31.9	40.6	37.9	35.0	36.5	38.7	37.2
父母不同意	16.2	24.1	16.2	18.9	21.5	15.3	18.1
专业不对口	36.3	39.7	38.1	34.4	38.8	39.2	38.1
能力较缺乏	23.0	22.3	20.7	26.1	20.2	20.8	21.6
观念难转变	21.1	29.9	23.0	33.9	20.8	22.6	24.2
对象工作难	17.6	19.2	16.0	20.0	15.7	17	17.1
总计	204	224	488	180	312	424	916

注：a 值为 1 时制表的二分组。百分比和总计以响应者为基础。

从生源地差异来看，乡村生源的毕业生相对来说更认为"社会认同低""专业不对口"为制约因素，而城市生源的毕业生则更侧重认为"薪酬福利低""能力较缺乏"这些更加实际的问题为制约因素。省外生源的毕业生相比省内生源的毕业生更侧重认为"能力较缺乏""观念难转变"为制约因素，省内生源的毕业生则更侧重认为"专业不对口"为制约因素。概括起来就是乡村生源和省内生源的毕业生更侧重"专业不对口"，说明他们更期望拥有能够面向故乡实际应用的专业。城市生源和省外生源的毕业生则更渴望拥有实际的技术能力。

第四节　已返乡就业毕业生的现状分析

本书从五个方面对云南跨境民族地区大学毕业生就业情况进行了问卷调查，包括个人就业力、家庭基本情况、高校就业指导服务与求职情况、返乡就业情况及其他方面。

一、返乡就业毕业生的个人就业力

大学生就业力是大学毕业生在校期间，通过知识的学习和综合素质的开发而获得的能力实现、就业理想、满足社会需求、在社会生活中实现自身价值的本领。本书将大学生个人就业力转化为大学期间的在校表现与大学毕业生对个人素质的自我认知。

（一）在校期间的表现

由表 2-27 我们能够得出，被调查的毕业生在校期间，班级排名多数较为靠前，多数（61.5%）获得过奖学金，同时也有 64.0% 的学生大学期间担任过学生干部，还有 83.3% 的学生有过兼职经历。另外，在证书的获取上，85.8% 的学生在校期间拥有技术证书，多数学生拥有 1～2 个技术证书；但是对于全国大学英语四、六级过级情况而言，有一大部分（41.6%）的调查者表示没有获得过此类证书，而仅有 14.7% 的调查对象获得全国大学英语六级证书。这表明大部分的调查对象多数在校期间表现较为优秀，但对于英语能力，被调查的民族地区大学毕业生整体水平较弱。

表 2-27　毕业生在校基本情况

选项		人数/人	百分比/%
成绩的班级排名	前 25%	119	33.7
	25%～50%	187	53.0
	50% 以后	46	13.0
	未填写	1	0.3
获得奖学金情况	4 次以上	32	9.1
	1～3 次	185	52.4
	没有	135	38.2
	未填写	2	0.3
拥有的技术证书情况	3 个以上	76	21.5
	1～2 个	227	64.3
	没有	48	13.6
	未填写	2	0.6
大学英语过级的情况	全国大学英语六级证书	52	14.7
	全国大学英语四级证书	153	43.3
	无四六级证书	147	41.6
	未填写	1	0.3
担任过学生干部（含学生社团干部）情况	是	226	64.0
	否	126	35.7
	未填写	1	0.3
是否有兼职经历	是	294	83.3
	否	39	16.7

（二）个人素质的自我认知

本次调查分别从对个人强弱项素质的认知和就业成功因素的主观归因两方面着手，以获得被调查者的自我认知情况。

1. 个人强弱项素质认知

本次调查把毕业生的素质分成"人际交往能力""表达能力""奉献精神""管理能力""团队协作能力""创业能力""适应能力""自学能力""解决实际问题能力""综合分析能力"十大块。表2-28和表2-29表明：调查对象对自己强项素质的认知，多选择"人际交往能力"、"表达能力"、"适应能力"、"团队协作能力"和"自学能力"；而对于自身的弱项素质的认知，超过一半的调查者选择"创业能力"，其次是"管理能力"。由此可见，对大学生创业能力和管理能力的提升应成为重点，应该引起学校的重视。

表 2-28　您的强项素质

强项素质	响应		个案百分比/%
	N	百分比/%	
人际交往能力	180	19.4	51.1
表达能力	138	14.8	39.2
奉献精神	99	10.6	28.1
管理能力	45	4.8	12.8
团队协作能力	114	12.3	32.4
创业能力	20	2.2	5.7
适应能力	135	14.5	38.4
自学能力	110	11.8	31.3
解决实际问题能力	51	5.5	14.5
综合分析能力	38	4.1	10.8
总计	930	100.0	264.3

注：本题为多选题，百分比按选择次数占所有次数比例计算，即以个案百分比为准。

表 2-29　您的弱项素质

弱项素质	响应		个案百分比/%
	N	百分比/%	
人际交往能力	84	11.3	23.8
表达能力	75	10.1	21.2

续表

弱项素质	响应		个案百分比/%
	N	百分比/%	
奉献精神	70	9.4	19.8
管理能力	121	16.2	34.3
团队协作能力	12	1.6	3.4
创业能力	179	24.0	50.7
适应能力	35	4.7	9.9
自学能力	62	8.3	17.6
解决实际问题能力	36	4.8	10.2
综合分析能力	72	9.7	20.4
总计	746	100.0	211.3

注：本题为多选题，百分比按选择次数占所有次数比例计算，即以个案百分比为准。

2. 就业成功的主观归因

在归因分析中，列出九大主要因素。根据表 2-30 可以看出，多数调查对象将成功就业归因为"用人单位需要"（57.5%）、"专业知识"（54.1%）、"实践和工作经验"（45.6%）及"沟通表达能力"（38.7%）。可见要想成功就业，还是需要大学生的主观努力与用人单位的客观需求相结合。

表 2-30 您成功就业的因素

成功就业的因素	响应		个案百分比/%
	N	百分比/%	
专业知识	190	24.1	54.1
实践和工作经验	160	20.3	45.6
沟通表达能力	136	17.2	38.7
外表及形象	14	1.8	4.0
学校知名度	21	2.7	6.0
计算机能力	28	3.5	8.0
外语能力	8	1.0	2.3
用人单位需要	202	25.6	57.5
父母亲属帮助	30	3.8	8.5
总计	789	100.0	224.7

注：本题为多选题，百分比按选择次数占所有次数比例计算，即以个案百分比为准。

访谈显示，毕业生个人就业力与返乡就业成功率之间存在相关性。在个人就业力方面，本书采用了"个人能力对用人单位的重要程度""个人性格优劣""学习专业是否有益""性别差异"4个维度来进行访谈考察。在个人能力重要性方面，有19位受访者认为个人能力是成功择业的重要因素，并且大部分受访者的个人能力主要是从大学期间参加社会实践或社团活动获得；在性格优劣方面，28位受访者的性格特征呈现多样化，有12位受访者认为主要的性格劣势是"实践经验不足，资历尚浅"；在学习专业有益性方面，有25位受访者认同专业学习有益于成功就业，其中19位受访者的工作与专业对口，并认为专业能力对获取工作和工作发展空间有重大影响；在性别差异方面，有2位受访者表示"已习惯了社会对待男女性别的差异待遇"，其余26位表示"在就业过程中未受到性别差异对待"。

二、返乡就业毕业生的家庭基本情况

对于调查对象的家庭情况，本次调查主要涉及三方面，分别是父母职业和职务、文化程度及找工作中家庭的作用。

（一）父母的职业和职务

根据现行通用的分类方法，问卷将职业分为"专业技术人员""技术辅助人员""各类行政管理人员""企业管理人员""工人""农民""商人""无业"八大类型。根据表2-31可以看出被调查者的父母多数均为农民，其次是专业技术人员（工程师、会计师、教师、医生、律师等），也有一部分家庭父母为无业。从表2-32"父母（退休前）职务"中得出绝大多数父母无职务。由此可见，调查对象中以农民子弟为主。

表2-31　父母（退休前）的职业分布情况　　　　　　　单位：人

		母亲的职业								
		专业技术人员	技术辅助人员	各类行政管理人员	企业管理人员	工人	农民	商人	无业	合计
父亲的职业	专业技术人员	35	5	8	2	3	17	10	3	83
	技术辅助人员	2	4	1	0	0	0	0	1	8
	各类行政管理人员	8	2	5	1	4	6	1	2	29
	企业管理人员	1	0	1	0	0	0	0	1	3

续表

		母亲的职业								合计
		专业技术人员	技术辅助人员	各类行政管理人员	企业管理人员	工人	农民	商人	无业	
父亲的职业	工人	1	2	0	1	7	4	0	3	18
	农民	1	0	0	0	0	156	8	0	165
	商人	2	0	0	0	1	4	9	4	20
	无业	0	0	0	0	1	1	0	20	22
合计		50	13	15	4	16	188	28	34	348

表 2-32　父母（退休前）职务分布情况　　　　单位：%

职务	父亲	母亲
地厅级	1.4	0.6
县处级	4.5	2.0
乡科级	8.5	3.1
企业高层管理干部	0.3	0.0
企业中层管理干部	1.7	1.1
无	78.2	88.7
未填写	5.4	4.5

（二）父母文化程度

根据现行的学历分类并结合调查地区的实际情况，本书从"小学及以下文化""初中文化""中专或高中文化""专科文化""本科及以上文化"五大类型来分析被调查者父母的文化程度。从图 2-16 和图 2-17 中发现"父亲的文化程度"以初中文化为主，其次是中专或高中、专科、小学文化，而具有本科及以上文化水平的人数最少；"母亲的文化程度"相对而言更低，呈现出文化程度越高，人数越少的情况，多以小学及以下和初中文化为主。由此可见，调查对象父母的文化程度总体而言并不高。

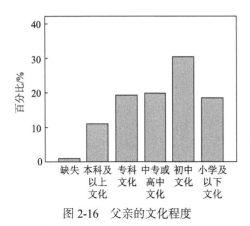

图 2-16 父亲的文化程度

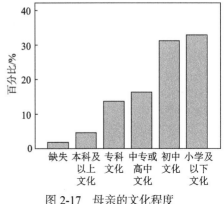

图 2-17 母亲的文化程度

（三）找工作中家庭的作用

由图 2-18 得知，就家庭在自己找工作中的帮助上，48.7%的被调查者认为"一般"，37.7%认为"没有作用"，只有 13.0%认为家庭在找工作中的作用是"非常大"的。由此可以得出，调查对象多数认为家庭因素在找工作中的作用是比较小的。而根据表 2-33"父母文化程度与找工作中家庭作用的相关性分析"得出，父亲的文化程度与找工作的相关系数为 0.365，母亲的文化程度与找工作的相关系数为 0.386，可见父母亲的文化程度与找工作中家庭的作用有一定的正相关性，即父母文化程度越高对毕业生找工作的影响也就越大。正如图 2-16 和图 2-17 所表明的，样本中以低学历家庭居多，因此调查结果显示家庭因素在找工作中的作用上影响较小。由此可见，家长文化程度高的家庭在子女找工作中的影响较大；反之，家长文化程度较低的家庭在子女找工作中的影响较弱。

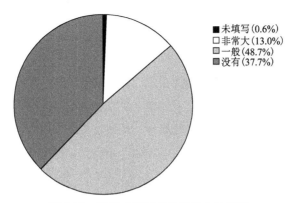

■ 未填写(0.6%)
□ 非常大(13.0%)
▨ 一般(48.7%)
▨ 没有(37.7%)

图 2-18 父母或亲属在找工作中的作用

表 2-33　父母文化程度与找工作中家庭作用的相关性分析

		您父亲的文化程度	您母亲的文化程度	父母或亲属在您寻找工作中所起的作用
父母或亲属在您寻找工作中所起的作用	Pearson 相关性	0.363	0.386	1
	显著性（双侧）	0.000	0.000	
	N	348	345	351

为进一步理清毕业生返乡就业的影响因素，本次调查对 28 位已返乡就业的毕业生开展深度访谈。可以得出如下结论：毕业生的社会资本与其返乡就业率之间的相关较小。在 28 位受访者中，有 3 位受访者返乡就业成功是与父母资源支持有关，其余受访者都是通过自身努力与获取机遇而成功就业的；从企业需求来看，具有社会资本的成功就业者占极少的比例，在受访者中接近九成的成功就业来自自身的因素。尽管如此，大部分选择返乡就业的毕业生表示其返乡就业行为受其家庭观念的影响。在调查中我们发现，受访者家庭普遍存在以下几种家庭观念：回乡工作稳定、恋家情结、返乡工作保守、返乡亲友社会资源多、公务员工作环境稳定、人情味浓。以上这些家庭观念影响着八成的返乡就业者，调查中只有 6 人表示返乡就业与这些家庭观念毫无关系，其中只有 1 人是看好家乡的发展。调查说明家庭观念成为影响大学生择业的重要因素之一，特别影响着毕业生是否返乡就业的选择。

三、高校就业指导服务与求职情况

（一）高校就业指导服务情况

由表 2-34 可以看出，有 66.6% 的被调查者认为帮助情况一般；接近四分之一（24.9%）的被调查者认为根本就没有帮助；只有 8.5% 的被调查者认为帮助非常大。具体而言，目前高校主要开设的就业指导工作，按照重要程度从大到小依次是：职业生涯规划指导、就业程序与技巧指导、就业需求信息（包括招聘会）、就业形势与政策指导、就业心理指导、礼仪培训（见表 2-35）。由此可见，高校在就业指导服务方面开设的课程并没有达到预期效果，绝大部分学生认为帮助并不大。在具体的指导工作上，大学生认为职业生涯规划指导、就业程序与技巧指导、就业需求信息（包括招聘会）三项最为重要。

表 2-34　学校开设与就业指导相关课程对就业的帮助情况

相关课程对就业的帮助	人数/人	百分比/%
非常大	30	8.5
一般	235	66.6
没有	88	24.9
合计	353	100

表 2-35　高校就业指导工作的重要程度从大到小排序

高校就业指导工作	排第一位		排第二位		排第三位	
	次数/次	百分比/%	次数/次	百分比/%	次数/次	百分比/%
职业生涯规划指导	134	38.0	32	9.1	41	13.4
就业程序与技巧指导	51	14.4	76	21.5	74	24.2
就业需求信息（包括招聘会）	73	20.7	66	18.7	62	20.3
就业形势与政策指导	35	9.9	80	22.7	58	19.0
就业心理指导	29	8.2	41	11.6	41	13.4
礼仪培训	26	7.4	24	6.8	30	9.8
未填写	5	1.4	34	9.6	47	13.3

实际访谈也显示：高校就业指导课程对毕业生的返乡就业行为影响甚微。这一部分的调查涉及了两个方面的内容：一是受访对象所在高校就业指导课程的开课率与效果，二是希望的就业指导课是怎样的。访谈中了解到受访的 28 个对象所在高校就业指导课程开课率在 90%，只有 2 人表示没有开课，有 1 人表示自己不清楚是否开课。但是当问到指导课程对就业的作用时，只有 30% 的受访对象表示就业指导课程是有作用的，大部分人认为就业指导课程对自己就业没有帮助。当被问及希望的就业指导课程时，受访者基本上有以下几种观点：①有针对性、分门别类地开设；②根据专业开设；③开放式的现场教学；④面试基本礼仪与内容的教授；⑤注重实践而非理论灌输。因此调查说明绝大部分的高校已经开始重视就业指导课程，但是在实践中还有很多进步的空间。

（二）学生求职情况

由表 2-36 及表 2-37 可以看出，通过网上获得就业信息已成为大学生获取就业信息的主要方式，本校就业信息网（30.6%）、其他就业信息网（24.6%）占较大比重，有 16.4%的人通过招聘会获取就业信息，还有 14.4%的人通过家人、老师、同学、朋友告知的方式获取就业信息。另外，在找工作最有效的方式中多数学生（37.1%）认为自己的努力是关键，20.1%的人认为大型综合类招聘会也是找工作的有效方式之一。由此可见，对于就业信息的获取，高校就业信息网应承担重要作用，而在找工作最有效的方式中，自身的努力才是最关键的。

表 2-36 获取就业信息的方式

获取就业信息的方式	人数/人	百分比/%
本校就业信息网	108	30.6
报纸刊物	15	4.2
家人、老师、同学、朋友告知	51	14.4
其他就业信息网	87	24.6
招聘会	58	16.4
通过实习或社会实践	17	4.8
人才交流中心、职业介绍机构	15	4.2
未填写	2	0.6
合计	353	100

表 2-37 找工作最有效的方式

找工作最有效的方式	人数/人	百分比/%
大型综合类招聘会	71	20.1
小型专门市场招聘会	49	13.9
通过实习或社会实践	49	13.9
电视网络招聘	12	3.4
亲朋好友的推荐	28	7.9
老师的推荐	10	2.8
委托代理人	3	0.8
自己的努力	131	37.1
合计	353	100

访谈结果也印证这一结论：选择返乡就业的毕业生其就业信息获取渠道主要以网络与同学告知为主。针对这一部分内容我们对 30 个访谈对象进行了访谈，主要是想了解高校毕业生就业的第一个环节即就业信息的获取渠道。在访谈中我们

了解到，有90%以上的大学生是在网络上获取就业信息的，45%的学生是从朋友、同学处获得，受访对象中从家庭方面获得就业信息的只有4人，仅有1人是在返乡就业地的地方网站上获取的就业信息。因此，高校毕业生的就业信息获取以网络和亲友告知为主，其中网络成为他们最主要的获取信息的方式。绝大部分的学生就业时，家庭方面是没有就业信息可以提供的。同时也说明大部分跨境民族地区的地方政府对当地就业信息的推广力度不足。

由图 2-19、图 2-20 及图 2-21 可以看出，大多数高校毕业生的求职费用在1500~5000元；求职的次数多为3~9或3次以内；求职的岗位区域多为生源地所辖地区，其次是不限定区域。由此可见，大学毕业生的求职费用较高，求职次数多，而求职的地区多为生源地所辖地区，甚至是不限定区域。

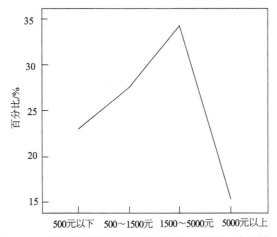

图 2-19　求职的费用（包括简历制作、着装、路费等）

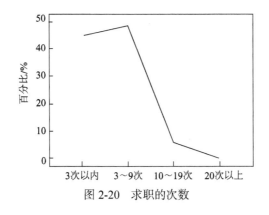

图 2-20　求职的次数

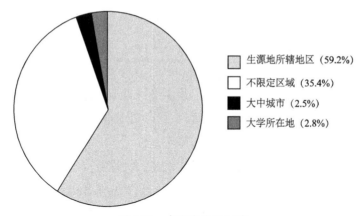

图 2-21　求职岗位的区域

访谈结果显示：一方面学校缺乏对高校毕业生返乡就业的指导，学生对返乡就业选择了解不足，另一方面跨境民族地区岗位的市场需求巨大。这次实地调研的一个重要目的就是了解这些跨境民族地区的就业市场，进一步提升对跨境民族地区各类岗位需求的认识，从而理性合理地分析大学生返乡就业问题。基于这个目的，我们设计了两个访谈提纲，一是目前受访者所了解到的当地实际各岗位的需求情况，二是云南"桥头堡战略"对跨境民族地区就业岗位需求。在 30 个访谈对象中，只有两人表示"不了解"当地就业岗位的市场需求，95%的访谈对象表示目前各岗位是急需大学生的，其中还提到急需或特别急需教师等高素质人才；对于"桥头堡战略"对当地经济的促进和岗位需求的增加，90%以上的受访对象表示"桥头堡战略"促进当地经济发展，也急需高素质人才，其中特别提到当地桥头堡建设对商品房开发、进出口服务、旅游业发展促进较为明显。以上情况显示，宏观上存在着跨境民族地区急需人才与大学生就业难的矛盾。

四、毕业生返乡就业的情况

（一）对返乡就业的认知

1. 返乡就业的看法

由图 2-22 可知，超过一半的调查对象认为对这一问题说不清，大约 30%的人认为返乡就业非常有必要，10%的人认为大学毕业生应该去更好的地方就业；为进一步分析不同州市对返乡就业看法的差异性，将生源地州市与返乡就业看法两个变量进行卡方检验分析，得出：$\chi^2=11.892$，$df=14$，$p=0.615>0.05$，未达到显著水平，表示两个变量之间相互独立，没有显著相关。因此，不同州市的毕业生对返乡就业这一问题的看法没有显著差异。也就是说，八个不同生源地即文山壮族苗族自治州、红河哈尼族彝族自治州、临沧市、保山市、普洱市、西双版纳傣族自治州、德宏傣族景颇族自治州、怒江傈僳族自治州的大学毕业生对返乡就业这一问题的看法是基本相同的。由表 2-38 可见，不同州市的毕业生在看待返乡就业这一问题上最多的是说不清楚，其次是非常必要，再次是应该去更好的地方就业。

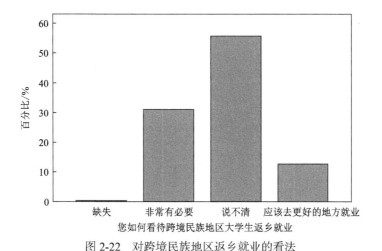

图 2-22　对跨境民族地区返乡就业的看法

表 2-38　生源地州与对返乡就业认识的交叉分析表（选择人数和比率）

生源地	您如何看待跨境民族地区大学生返乡就业					
	非常必要		说不清		应该去更好的地方就业	
	人数/人	比率	人数/人	比率	人数/人	比率
文山壮族苗族自治州	15	0.385	17	0.436	7	0.179
红河哈尼族彝族自治州	18	0.367	23	0.469	8	0.163
临沧市	25	0.269	57	0.613	11	0.118
保山市	7	0.194	26	0.722	3	0.083
普洱市	1	0.200	4	0.800	0	0.000
西双版纳傣族自治州	1	0.250	3	0.750	0	0.000
德宏傣族景颇族自治州	23	0.338	36	0.529	9	0.132
怒江傈僳族自治州	20	0.345	31	0.534	7	0.121
合计	110	0.313	197	0.560	45	0.128

2. 返乡就业原因

本问卷从国家、地方、高校、就业者本身 4 角度出发，分析解决返乡就业问题的主要依靠力量。表 2-39 显示 65.8%和 61.8%的人数分别认为解决返乡就业问题应该主要依靠国家政策引导和地方特殊优惠政策，而由表 2-40 可知，68.9%的人数选择回家乡就业是由于父母的意愿，33.9%的人数是因为喜欢家乡的生活方式，31.1%的人是迫于就业压力而回乡就业。由此可见，对于跨境民族地区大学生返乡就业是一个新问题，也是一个亟须研究解决的话题；而要解决这一问题主要还需要依靠政策的引导与扶持。而大学生最终选择回家乡就业的原因多种多样，主要是客观因素，如父母影响、大城市就业压力等。

表 2-39 解决返乡就业问题的主要依靠

依靠因素	响应		个案百分比/%
	N	百分比/%	
国家政策引导	231	32.6	65.8
地方特殊优惠政策	217	30.6	61.8
提高就业者素质	182	25.7	51.9
高校合理的课程设置	79	11.1	22.5
总计	709	100.0	202.0

注：本题为多选题，百分比按选择次数占所有次数比例计算，即以个案百分比为准。

表 2-40 选择回家乡就业的原因

回家乡就业原因	响应		个案百分比/%
	N	百分比/%	
为家乡做点事	98	12.3	27.9
父母的意愿	242	30.4	68.9
大城市竞争激烈	50	6.3	14.2
是家中独生子女	62	7.8	17.7
恋爱对象在家乡	43	5.4	12.3
迫于就业压力	109	13.7	31.1
专业、岗位限制	57	7.2	16.2
喜欢家乡的生活方式	119	14.9	33.9
政策限制	16	2.0	4.6
总计	796	100.0	226.8

注：本题为多选题，百分比按选择次数占所有次数比例计算，即以个案百分比为准。

访谈结果还显示，实际上大部分人对支持少数民族就业优惠政策了解程度并不高。在 28 位受访者中，有 6 位对少数民族就业优惠政策有一定程度的了解，占调查总数的 21.4%，有 22 位受访者表示"完全不了解"或"不知道"；其中，1位受访者对少数民族政策表示了解，并享受过"优选"政策，在就业时享受加分政策。在对大学生返乡就业政策的期许上，受访者的意愿基本集中于"薪酬待遇""住房福利补贴""工作发展空间"等几个因素上。

（二）返乡就业情况

1. 基本情况

本书主要对返乡就业大学生工作单位性质及工作与大学所学的匹配程度进行调查。由图 2-23、表 2-41 和表 2-42 可知，过半数的毕业生没有换过工作；而就工作单位性质而言，多集中在事业单位、国家机关和国有企业；工作与所学专业对口的占多数（完全对口占 25.2%、比较对口占 43.3%）。由此可以看出，返乡就业的大学生中工作变换次数较少；多集中在工作较稳定的国家政府机构，而私有企业、自主创业的人数少；另外，毕业生目前的工作与大学所学也比较对口。

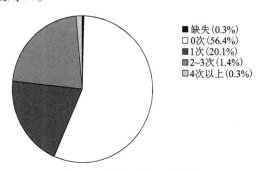

图 2-23　毕业至今换工作次数

图例：
- 缺失 (0.3%)
- 0次 (56.4%)
- 1次 (20.1%)
- 2~3次 (1.4%)
- 4次以上 (0.3%)

表 2-41　工作单位的性质

工作单位的性质	人数/人	百分比/%
国家机关	81	22.9
事业单位	182	51.6
国有企业	36	10.2
私营企业	28	7.9

续表

工作单位的性质	人数/人	百分比/%
自主创业	5	1.4
自由职业	7	2.0
社会团体	2	0.6
其他	10	2.8
未填写	2	0.6
总计	353	100

表 2-42　目前的工作与您所学专业的对口情况

对口情况	人数/人	百分比/%
完全对口	89	25.2
比较对口	153	43.3
不太对口	89	25.2
完全不对口	20	5.7
未填写	2	0.6
总计	353	100

2. 工作满意度

　　上述分析显示，目前返乡就业的大学生的工作单位多数集中在政府机关。进一步分析毕业生对工作的满意程度，由表 2-43 及表 2-44 可知，48.2% 的调查对象表示对目前工作满意，37.1% 的调查对象表示只是凑合，依然有 12.5% 的调查对象不满意现在的工作，打算以后再换。究其原因，一半以上的人是因为薪酬太低，其次是认为个人没有发展前途、不能发挥自己专长、渴望自主创业、行业没有发展前景。由此可见，还有较多的返乡就业大学生对目前的工作不太满意，最主要因素是工资收入。而渴望自主创业的人数逐渐增多。

表 2-43　对目前的工作满意度

选项	人数/人	百分比/%
满意	170	48.2
凑合，有个工作不容易	131	37.1
不满意，以后再换	44	12.5
未填写	8	2.3
总计	353	100

表 2-44 对目前工作不满意的原因

不满意的原因	响应		个案百分比/%
	N	百分比/%	
更喜欢大城市的生活	26	6.7	13.5
渴望自主创业	42	10.9	21.9
专业不对口	26	6.7	13.5
不能发挥自己的所长	43	11.1	22.4
工作环境氛围不好	33	8.5	17.2
薪酬太低	108	28.0	56.3
个人没有发展前途	54	14.0	28.1
行业没有发展前景	40	10.4	20.8
其他原因	14	3.6	7.3
总计	386	100.0	201.0

注：本题为多选题，百分比按选择次数占所有次数比例计算，即以个案百分比为准。

3. 职业愿景

数据分析结果显示，在预设的观点中个人职业愿景与返乡就业率相关。本书研究表明个人职业愿景与返乡就业率具有正相关性，采用了"毕业时职业愿景"和"对现在工作满意度"两个指标进行研究。在实际采访过程中，有 25 位受访者表示毕业时期许能从事与所学专业相匹配的相关岗位，有 3 位表示想自主创业，其中有 11 位对期许岗位的影响是来自家庭和父母；对现在工作满意度方面，有 23 位受访者表示对现任工作状态"基本满意"或者"很满足"，有 2 位表示"不满意，如有机会会换工作"。

五、返乡就业的其他方面

由上述分析看出要解决返乡就业问题，主要需要依靠政府政策引导。因此，问卷最后整理出近年来国家出台的促进大学生就业的基本政策，并针对云南跨境民族地区大学毕业生这一特殊群体就业困难问题的原因进行深入调查。由表 2-45 和表 2-46 可知，大学生村官（21.2%）、鼓励毕业生到基层和中西部就业（17.8%）、特岗教师（13.6%）及鼓励毕业生自主创业（11.6%）是最有助于大学生返乡就业的政策；而对于跨境民族地区大学毕业生就业难的主要原因有就业观念落后（28.9%）、家乡就业岗位少（22.9%）、个人综合能力不足（15.6%）、社会关系欠缺（13.6%）。由此可知，国家出台的一些鼓励大学生返乡就业、到基层就业的政策的确有助于大学生就业，然而跨境民族地区大学毕业生就业依旧比较困难。要解决这一问题，需要从就业观念、就业岗位、个人素质等方面着手。

表 2-45　最有助于就业的就业政策

最有助于就业的就业政策	人数/人	百分比/%
应征入伍	12	3.4
大学生村官	75	21.2
特岗教师	48	13.6
困难学生就业帮扶	19	5.4
鼓励毕业生自主创业	41	11.6
毕业生见习制度	29	8.2
中小企业吸纳毕业生	22	6.2
鼓励毕业生到基层和中西部就业	63	17.8
顶岗实习	18	5.1
其他	17	4.8
未填写	9	2.5
总计	353	100.0

表 2-46　跨境民族地区大学毕业生（特别是少数民族毕业生）就业困难的主要原因

就业困难的原因	人数/人	百分比/%
就业观念	102	28.9
知识文化水平	35	9.9
个人的综合能力	55	15.6
惰性	17	4.8
家乡就业岗位少	81	22.9
社会关系欠缺	48	13.6
其他	3	0.8
未填写	12	3.4
总计	353	100.0

第三章　云南跨境民族地区大学生返乡
就业的多元分析

第一节　跨境民族地区大学生返乡就业的现状分析

一、总体就业情况良好，但返乡就业率逐年下降

　　基于前面实证研究的基础，本书对"云南跨境民族地区大学生返乡就业宏观数据"进行进一步的分析。一方面，有利于在整体上把握云南省返乡就业的基本情况；另一方面，有利于探析跨境民族地区与非跨境民族地区的差异，找出跨境民族地区的特殊性。

　　在总体就业率上，2011—2013年云南省大学生总体就业情况良好，就业率逐年上升。在就业单位选择上，三年间云南省毕业生整体就业方向为国有企业、非国有企业和事业单位，并呈现出上升态势，另外，就业方式灵活、多样。

　　相比较而言，近年来返乡就业已经成为大学毕业生就业的新选择和新趋势。在返乡就业率上，2011—2013年云南省返乡就业率良好，但返乡就业率低于整体就业率，且呈下降趋势。落实到返乡就业单位的选择上，返乡就业大学生与云南省整体情况基本一致。在国有企业、非国有企业和事业单位上的就业人数不仅居多，同时人数也在不断上涨。从性别差异来看，三年间，女性毕业生不仅返乡就业人数多于男性毕业生，且就业率也较高。数据显示，一大重要原因在于女性待就业比重低于男性，而在对就业单位的选择上女性在事业单位上的比重远远高于男性。

　　相对非跨境民族地区，跨境民族地区生源的毕业生有着更高的返乡就业率。首先，在整体返乡就业率上，跨境民族地区返乡就业率要高于非跨境民族地区。其次，在返乡就业单位选择上，跨境民族地区与非跨境民族地区的返乡就业大学生的选择偏好基本一致，也是倾向于选择国有企业、非国有企业和事业单位，但是跨境民族地区返乡就业的毕业生对稳定的单位的偏向更为强烈，更注重就业的

稳定性。再次，在性别差异上，女性选择国家事业单位的人数远远高于男性，女性毕业生的维稳就业观念高于男性毕业生。

二、在校毕业生的返乡就业意向不高

返乡就业意向的专题性研究分别从返乡就业的意向强度、方向期待和薪资水平容忍度三个方面对返乡就业意向进行了描述性统计分析。专题研究得到如下结论：无论何种生源的毕业生其实都更倾向于选择城市就业而非"返乡"，总体来看，云南高校毕业生的返乡就业意向并不高。从返乡就业方向来看，省外生源和城市生源更倾向于选择各类企业，他们有更高的薪资期待；而乡村生源和省内生源则倾向于政府机关和事业单位，能够接受更低的薪资待遇。无论是就业能力、就业观念、就业资本还是对就业政策的响应都对毕业生返乡就业的意向有着显著的影响。有返乡就业意愿的毕业生之所以选择返乡就业，其主要的考虑是与家庭、父母相关，他们希望政府能够为返乡就业的毕业生提供就业或创业培训，扩大就业渠道，并提高返乡毕业生的薪酬水平。薪酬水平低、地区欠发达和发展前景小是当前制约高校毕业生返乡就业的主要困扰因素。

三、已返乡就业毕业生的需求回应不足

数据分析结果表明，选择返乡就业的毕业生综合素质相对较高，农村生源的毕业生更倾向于选择返乡就业。在个人素质方面，云南跨境民族地区选择返乡就业的高校毕业生的学习成绩班级排名靠前，总体表现较为优秀，然而，英语水平较为薄弱，创业能力和管理能力也有待于提升。大部分大学生将成功就业的关键归功于自身努力与用人单位的需求紧密结合。同时，数据分析结果也表明，选择返乡就业的毕业生以农村家庭出身居多。在家庭环境方面，云南省跨境民族地区返乡就业的高校毕业生家庭出身多以农民为主，且父母文化程度不高。因此，找工作中父母的作用并不大。然而，对于文化程度较高的家庭，父母在找工作中的影响较大。

选择返乡就业的毕业生希望得到更多的就业培训，同时也希望能够有更多的相关政策跟进。在高校就业指导服务方面，返乡就业的高校毕业生普遍反映高校开设就业课程的效果不明显，大部分毕业生认为帮助不大；毕业生获得就业信息的主要来源是本校就业信息网；同时，大学生求职费用高，次数多。在政府引导方面，对于返乡就业这一现实问题，更多的人认为应该主要依靠国家政策的扶持。

近年来，政府在促进大学生就业方面出台了众多举措，调查对象多数认为"大学生村官""鼓励毕业生到基层和中西部就业""特岗教师"等政策最为明显。

无论对于政策来说，还是对于高校自身来说，要想促进更大范围的返乡就业行动，需要采取更为切实的措施以促进高校毕业生的观念更新。在返乡就业基本状况方面，首先，云南省跨境民族地区返乡就业的大学生对此认知不够，大部分毕业生认为该问题是一个模糊的问题，亟须研究；其次，绝大部分返乡就业的大学生选择稳定的国家政府机关，但对工作的满意度不高，其原因可能是认为薪资水平不高、发展潜力不够；最后，要解决跨境民族地区大学生返乡就业问题，尤其应重视民族地区的就业观念、就业岗位以及毕业生的个人素质。

四、政府与高校在促进返乡就业上的行动不够

（一）政府政策支持力度不够

虽然国家在大学生返乡创业上有大学生创业贷款等一系列优惠政策，并且针对少数民族学生有相应的加分优惠政策，但是我们在实际走访过程中发现，不管是大学生自身还是其家人都对这些大学生就业政策没有足够的了解，就算有个别人有一定程度的了解，但是并没有真正享受到政策优惠。这从一定程度上反映了，不管是高校对就业政策的宣传还是当地政府部门对于相关政策在基层民众中的普及，其程度都还远远不够，对相关政策的落实程度不到位，相关政策制度也不够完善，可以说，大学生创业政策没有真正惠及广大学生。实质上，这是政府对人力资本认识不到位的根本体现。从访谈内容可以看出，特别是在跨境民族地区，当地政府对民族地区大学生创业重视度不高，没有较为针对性的优惠鼓励政策，并且返乡创业这些因素都对民族地区大学生回乡就业制造了不利的外部条件。从走访情况来看，受访者普遍对工资待遇、补贴福利、发展空间等方面存在较大程度的不满足，这需要当地政府的相关政策支持进行平衡，而当前跨境民族地区还未充分认识到高素质人才对地区发展的重要性，只有少数州市出台有关政策来鼓励本地生源返乡就业。其中，文山壮族苗族自治州虽然出台了有关创业促进就业的政策，但这个政策不仅仅针对大学毕业生，还包括其他就业者，针对性不强，政策中鼓励的力度也有限，在跨境民族地区的大学毕业生中未引起反响，也不足以影响他们就业的选择。

（二）高校就业课程指导效果不佳

近年来，高校越来越认识到大学生作为一个缺乏社会经验的群体代表，在就业问题上是十分被动的，所以相继开始了大学生的就业指导课程。但是这一项工作的内涵和实践意义依然处在初级阶段，并没有形成一套完整的就业指导体系。在访谈中可以清晰地看出仅有30%的受访对象认为自己在就业指导课程中获益。现阶段的就业指导问题主要体现在两个方面。

一是职业规划脱离学生实际情况。职业规划是学生个人分析自身条件和内外环境因素后确定的个人事业发展目标，并且为实现这个目标做一个分段性的目标管理。但是在具体实践中就拿受访学生的高校来说，对于这一方面的指导只是停留在笼统的理论层面，没有对学生分门别类进行分析，也就没有形成针对性强、指导性佳的就业指导。

二是就业指导课程形式单一、落后。高校在开展就业指导时，依然摒弃不了传统的填鸭式教学方法。这一点在对受访对象访谈中也被提到"注重实践而非填鸭式的理论灌输"。在调查中我们了解到，高校很少对学生进行实战训练，仅局限于就业宣誓仪式、理论讲座、号召大会等停留在形式上的指导活动。这类重形式的单一化指导方式不仅不能激发学生的兴趣，也缺乏针对性和实效性，将就业指导工作变为一场空喊口号的硬性任务，导致学生在就业问题面前只会纸上谈兵、夸夸其谈，实践效果极为有限。

（三）人才供需的契合程度不高

在访谈过程中，我们了解到云南省跨境民族地区岗位市场需求巨大，而云南高校毕业生又存在着就业难的问题，这说明宏观上存在着跨境民族地区急需人才与大学生就业难的矛盾。而究其原因是云南省的高校教育在人才培养模式上出现了问题。首先，高校没有了解云南省存在着区位和省情的特殊性，各高校办的专业都很大众化没有根据云南省省情设计的特殊专业，也就是说专业设置与云南省尤其是跨境民族地区就业市场的人才需求契合度不高。其次，云南省的人才培养没有紧跟劳动力市场的步伐。现阶段正是云南省实现"跨越式"发展的关键时期，也是建设面想东南亚桥头堡建设的攻坚时期。在这样一个特殊的时期，劳动力市场已经悄然发生着变化，而作为云南省本土的高校却没有紧跟这样的劳动力市场变化做出人才培养调整，使高校培养出的毕业生与实际的劳动力市场需求产生矛盾。最后，对少数民族落后地区的人才培养不到位。少数民族落后地区有诸多特殊的人才需求，如语言、特殊的地方风俗等方面的人才需求，对于这样的人才需求各高校并没有制定特殊的人才培养计划。

（四）返乡就业信息的供给有限

从我们的访谈中可以看出，大学生就业信息的获取途径主要有网络、同学、朋友、学校等渠道。在现实中，相比之前传统的"托关系"找工作，现代大学生可接触的就业信息、范围及渠道都很广，包括各种求职网站、电视、报刊招聘信息、政府机构或企业大型招聘会、校园招聘、海报等。作为新时代的高校毕业生，在获取渠道多样、获取信息的技术方面占优势的情况下，更应该提高信息管理效率，适应新形势。但是在访谈调研中并非如此，他们主要关注政府和学校组织的招聘会，即考公务员和事业单位招聘信息，这两者占到了受访对象的80%，这说明受访对象毕业生在毕业时就有着很大的获取信息倾向，从而忽略了其他的信息，也错过了更好的工作机会。即便在政府和学校所提供的招聘会上，来自基层政府和乡村的招聘信息，特别是针对跨境生源地的招聘信息都十分有限，这在客观上的确不足以影响高校毕业生的返乡就业选择行为。事实上，多数选择返乡就业的毕业生仍然是通过自己熟人的关系进行选择的。在毕业求职的过程中，他们在信息的获取上并不是持续有效的，受到公务员考试和考研的影响。从国考结束到省考这段时间和考研结束后这段时间，发布的就业信息会得到集中关注，但从那以后基本上就不关注了，实际上就业信息是具有很强的持续性的。也就是说，由于媒体包括网络、报纸等所提供的各种公共就业信息并不集中于某个时期，但毕业生普遍存在这个周期性，其余时间的信息很可能被他们忽略，从而造成就业信息的浪费。已选择返乡就业的毕业生的返乡就业行为多发生在招聘信息密集发出之后，这本身就表明，招聘会的密集发布对高校毕业生返乡就业行为的产生真正发挥的作用相当有限。政府和高校更应当持续不断地发布返乡就业信息，而不只是集中在短短的招聘会密集发布招聘信息的期间。

五、跨境民族地区的职业空间供给有限

据走访调查，跨境民族地区返乡就业大学生往往更倾向并且实际上就业率最高的是以下三种岗位：一是政府机关、事业单位公务员，二是医务人员，三是师

范类教育从事人员。这三种岗位共同的性质就是稳定且有一定的上升空间。而对于偏远地区，除了这三类岗位以外就业选择的余地太小，在大学生看来剩下的都是不太稳定、没有更多发展空间的职位。

职业空间供给的有限，所折射出来的是跨境民族地区的职业需求在当前高校的专业设置中体现不够，以至于高校毕业生的专业供给与跨境民族地区的职业需求之间缺乏有效的融合性。在走访调查中，28 位受访者中，有 12 位是任职于专业对口的工作岗位，并且其专业性质偏理科技术性，是能较好地运用到实际工作中的技术型专业，而学习文科专业的学生大部分任职的工作与专业不对口。在工作满意度上，专业对口的大学生普遍对工作满意度很高，而专业不对口的大学生中有一半以上对工作满意度不高，但对生活状态基本满意。就本科生返乡就业形式分析来看，技术型专业学生学习的专业内容实用性强，在跨境民族地区发展中能更好地贴近生产生活；而本科生专业偏向于理论性的，在跨境民族地区需求并不是很大。

六、毕业生返乡就业的先天准备不够

云南跨境民族各地区都有着特殊的区域性，各民族都保持着本民族的语言、服饰、风俗习惯和民族文化，不容易与其他民族融合，但在一定地域范围内杂居的各民族之间又互相影响。这些特点与我国其他单一民族地区相比，情形就显得较为特殊。近年来，外地生源的大学毕业生到边疆跨境民族地区就业的人才逐渐多了起来，但由于语言、文化和风俗的不同，一部分外地大学毕业生很难融入当地的文化。在这样的情况下，跨境民族地区大学生的特色就业力就显现出它的重要性和不可替代性。因为本土人才本来就土生土长在这个地区，自然环境、人文环境及工作环境都较易融入，其特色就业力在这一特定前提下掩盖了其常规就业力的不足，并且他们的家乡在此，本族在此，更有利于安心工作和做出成绩。因此，这也是为什么倡导本土大学生返乡就业建设云南跨境民族地区，并以此为契机确保"桥头堡战略"的顺利实施的原因所在。但跨境民族地区大学生的特色就业力目前还没有被普遍重视和挖掘，这或许是因为开展大学生就业研究的学者们多从共性即一般性的问题着手，针对特殊地区、特殊人群的就业研究还不多，特别是缺乏对云南省特殊的区域特点和当前国家及云南省桥头堡建设关键时期的认识。随着云南跨境民族地区从最边远、最落后的地区变成了面向东南亚国家国际人通道的前沿门户，人才的需求也发生着变化，"桥头堡战略"急需一些通晓当地风俗，具有一定技能，能扎根当地建设的人才。作为云南跨境民族地区的大学生应充分认识到自身特色就业力这一优势，在加强自身常规就业力的锻炼时，要有针对性地结合生源地经济文化发展的特色，以及自身的特点兴趣找准专业、强化特色，把劣势转变为优势，增强自身的特色就业力。返回家乡就业是理智避开城市激烈的就业竞争和生存压力的明智选择，既能为自己的家乡做贡献，又比滞留在大城市更能体现自我的人生价值。

第二节 跨境民族地区毕业生返乡就业的战略分析

近年来，随着国家西部大开发战略、"桥头堡战略"及"一带一路"倡议的陆续提出，对于云南这一少数民族众多的省份而言，如何利用大学生来建设家园，促进民族区域经济文化等各项事业的发展成为重中之重。在这样的大背景和需求之下，跨境民族地区大学生的返乡就业不仅成为毕业生缓解大城市就业压力的新选择，同时也是跨境民族地区实现发展的新方式。那么，如何利用现有的条件和优势，尽量避开客观的不足，将是云南省跨境民族地区发展和促进毕业生返乡就业的关键。因此，本节将以 SWOT 分析方法为基础，辅以 PEST 分析工具来对跨境民族地区大学生的返乡就业行为进行战略分析，具体对云南省跨境民族地区大学生返乡就业的优势、劣势、机遇和挑战进行分析，尝试为相应政策的提出进行必要的铺垫工作。

一、战略规划的优势分析

（一）经济层面：自然与民族资源丰富

作为旅游大省的云南素有"彩云之南，万绿之宗"的美誉。首先，云南省跨境民族地区地处云南省西南部，山河壮丽，景色奇特，自然风光优美。例如，"三江并流"景观雄奇壮美；有"东方大峡谷"之称的怒江大峡谷长 310 千米，平均深度 2000 米；两大板块边缘的腾冲火山群等自然景观。其次，民族众多，特色鲜明，丰富多样，如彝族、白族、哈尼族、傣族、傈僳族、纳西族、佤族、拉祜族、景颇族、布朗族、阿昌族、普米族、德昂族、独龙族、基诺族 15 个云南独有的少数民族，各民族在长期的生产生活中形成了风格各异、类型多样的风俗、节日、服饰、村舍建筑等。再次，云南省跨境民族地区由于其本身特殊的区位，成为中国大陆联结东南亚、南亚的桥梁，成为中原文化、藏文化、东南亚文化、西方文化的交汇点，形成了多样的旅游资源组合。全省共有 25 个少数民族，其中 16 个民族跨境而居，再加上跨境民族地区与东南亚、南亚地相接、山相连、水相通、人相往的状况，云南成为体验民俗风情和边境旅游的最佳去处。最后，云南省跨境民族地区地处祖国西南边陲，旅游资源丰富，但绝大多数未加以开发利用。例如，位于中缅边境德钦县境内的梅里雪山，冰峰相连，气势非凡，至今仍处于半开发状态，其主峰卡格博峰，海拔 6740 米，为云南最高点，迄今仍是无人登顶的"处女峰"[①]；位于怒江两岸的高黎贡山是国家级自然保护区，蕴藏着丰富的动植物资源，景观雄奇壮观，是一块待开发的"处女地"；素有"东方多瑙河"之称的澜沧江（湄公河）是东南亚一条著名的国际河流，现在处于开发状态等[②]。若能将这些旅游资源加以有效合理地开发，将会带动相关产业的发展，促进经济腾飞，为返乡就业的大学生提供就业岗位的支撑。

（二）社会层面：岗位需求不断上升

由表 3-1 可知，该地区三年来人均 GDP 基本上以 25% 的速度增长。经济增长必然带来就业的增加，就业岗位的增多。这也为跨境民族地区毕业生返乡就业提供了就业机会。

表 3-1　2012—2014 云南跨境民族地区人均 GDP

地区	2012 人均 GDP/元	2013 人均 GDP/元	2014 人均 GDP/元	增长幅度
红河哈尼族彝族自治州	20 116.2	22 516.9	24 555.52	0.220 7
文山壮族苗族自治州	13 587.27	15 539.46	17 207.66	0.266 5
保山市	15 561.05	17 704.72	19 616.29	0.260 6
普洱市	14 427.84	16 894.03	17 995.36	0.247 3
临沧市	14 525.93	16 894.03	18 761.6	0.291 6
西双版纳傣族自治州	20 511.46	24 012.35	26 564.24	0.295 1
德宏傣族景颇族自治州	16 655.66	18 781.52	20 064.26	0.204 7
怒江傈僳族自治州	13 857.68	15 947.96	18 890.57	0.363 2

① 马文银. 云南省旅游资源开发的 SWOT 分析及对策研究[J]. 云南地理环境研究，2004（2）.
② 欧阳国斌. 云南优势资源研究[M]. 昆明：云南科技出版社，1998.

云南省是一个自然资源丰富的省份。对于跨境民族地区而言，主要体现在矿产资源、生物资源、能源资源。云南跨境民族地区是一个自然资源丰富的地区，若对各类资源进行合理而有效地开发，能源、烟草、橡胶、茶叶、药材等行业将形成规模经济，水果、花卉、咖啡、香料等产业也将快速兴起。这势必需要大量具有技术、知识的高级专门人才，同时为返乡就业的大学生创造更多的就业机会。

二、战略规划的劣势分析

（一）经济层面：相对落后与积累不足

云南作为西部省份，本身发展落后于东中部地区。而对于云南跨境民族地区而言，其经济发展水平又落后于云南省非跨境民族地区（见表3-2）。表中前8个地级市属于非跨境民族地区，其人均GDP排名多数处于前8位，而表格中的后8个地级市则属于跨境民族地区，其人均GDP排名多数在全省的后8位；就两大地区的平均水平而言，跨境民族地区人均GDP的平均水平为20 456.94元远远低于全省平均水平27 368.97元，非跨境民族地区的人均GDP水平高出跨境民族地区三分之一。由此可见，跨境民族地区的经济发展水平处于不利状态，不利于大学毕业生选择返乡就业。

表 3-2　2014 年云南省各州市人均 GDP 及排名

地级市	人均 GDP/元	人均 GDP 排名
昆明市	56 437.00	1
玉溪市	50 845.49	2
迪庆藏族自治州	36 256.16	3
曲靖市	27 609.64	4
楚雄彝族自治州	25 763.58	6
大理白族自治州	23 872.63	8
丽江市	20 630.42	9
昭通市	12 548.48	16
西双版纳傣族自治州	26 564.24	5
红河哈尼族彝族自治州	24 555.52	7
德宏傣族景颇族自治州	20 064.26	10
保山市	19 616.29	11
怒江傈僳族自治州	18 890.57	12

续表

地级市	人均 GDP/元	人均 GDP 排名
临沧市	18 761.6	13
普洱市	17 995.36	14
文山壮族苗族自治州	17 207.66	15
非跨境民族地区	31 745.43	—
跨境民族地区	20 456.94	—
全省	27 368.97	—

由表 3-3 得知，云南跨境民族地区政府财政收入不足。跨境民族地区与非跨境民族地区分别有 8 个地级市，2013 年跨境民族地区 8 个州市总体的地方公共财政收入约为 360 亿元，仅占全省总体收入的 22.34%，即跨境民族地区的 8 个州市的地方公共财政收入不到全省总收入的四分之一，而非跨境民族地区却占据了高于四分之三的收入。地方财政收入不足会影响地方投资、基础设施等各方面的发展，就业水平也就会受到限制。

表 3-3　2013 年云南跨境民族地区地方公共财政收入

地级市	地方公共财政收入/亿元
西双版纳傣族自治州	26.8
红河哈尼族彝族自治州	97.3
德宏傣族景颇族自治州	28.0
保山市	42.8
怒江傈僳族自治州	8.4
临沧市	60.2
普洱市	53.7
文山壮族苗族自治州	42.7
合计	359.9
全省	1 610.7

（二）社会层面：现有就业岗位少

云南省地处我国西部地区，政治、经济、历史等各方面的因素发展较为落后。笔者在 2015 年 6 月 25 日在国内较为主流的招聘网站（智联招聘）上通过模糊检索，以就业地区"云南"作为关键词，发现有 21 604 个职位，而以"广东""浙江""江苏"等东部发达省份为关键词，均显示多于 100 000 个职位符合条件。由此可见，相比于东部发达地区而言，云南省提供的就业岗位不足。由表 3-4 可知，在云南主流的地方招聘信息网中，跨境民族地区的岗位数只是非跨境民族地区的四分之一左右，因此，跨境民族地区的就业岗位较少，不利于选择返乡就业的大学生就业。

表 3-4 2015 年 6 月 25 云南招聘网中云南各地招聘职位数

地级市	招聘职位数/个
文山壮族苗族自治州	2 321
怒江傈僳族自治州	248
普洱市	1 948
临沧市	1 125
红河哈尼族彝族自治州	5 531
西双版纳傣族自治州	2 044
德宏傣族景颇族自治州	1 575
保山市	1 314
昆明市	37 106
玉溪市	4 836
曲靖市	6 917
大理白族自治州	4 312
丽江市	2 532
楚雄彝族自治州	1 999
昭通市	373
迪庆藏族自治州	2 460
跨境民族地区	16 106
非跨境民族地区	60 535

数据来源：云南招聘网（http://www.ynzp.com/km/）。

（三）技术层面：科学技术水平落后

目前世界的竞争归根到底是科学技术的竞争，高技术产业是国际经济和科技竞争的重要阵地。《中共中央、国务院关于加速科学技术进步的决定》（1995 年 5 月 6 日）明确指出："国家产业政策和发展规划要把发展高技术产业摆到优先位置，在财税、信贷和采购等政策上给予重点扶持。"高技术产业是指用当代尖端技术（主要指信息技术、生物工程和新材料等领域）生产高技术含量产品的产业群，是研究开发投入高，研究开发人员比重大的产业。当前，我国高技术产业主要分布在长江三角洲、珠江三角洲、环渤海地区等地。主要的四大密集区分布是：以北京中关村科技园区为中心的环渤海高新技术产业密集区，以上海高新区为中心的沿长江高新技术产业区，以深圳高新区为中心的东南沿海高新技术产业密集区，以西安—杨凌高新区为中心的沿亚欧大陆桥高新技术产业密集区。由此可见，云南地区科学技术水平的落后不能很好地为返乡就业的高级专门人才提供就业岗位。

三、战略规划的机会分析

（一）政治层面：强有力的国家政策支持

近年来，随着国家战略部署的需要，先后提出的西部大开发战略、"桥头堡战略"及"一带一路"倡议等对跨境民族地区的发展有着重大的意义。例如，自 2009 年起，为了推进我国向西南开放、实现睦邻友好的战略需要，中央提出"桥头堡战略"，旨在把云南建成中国面向西南开放的重要桥头堡。这一战略不仅为云南发展提供契机，同时也是云南推进"兴边富民"工程、实现边疆少数民族脱贫致富奔小康的现实需要。而云南省跨境民族所在的 8 个州市分别是保山市、红河哈尼族彝族自治州、文山壮族苗族自治州、普洱市、西双版纳傣族自治州、德宏傣族景颇族自治州、怒江傈僳族自治州、临沧市，均与东南亚、南亚国家接壤，因此具有良好的区位优势和对东南亚、南亚地区的辐射功能。若要实现我国与东南亚、南亚地区在交通运输、贸易合作、文化交流、产业建设、能源互惠、旅游互通等方面的发展，云南省跨境民族地区是重要的一环。因此，跨境民族地区不仅有着良好的政策背景，同时对人才的需求量也进一步上升，这些都为该地区返乡就业的大学生提供了机遇。

云南省位于我国西南地区，而跨境民族地区又处于云南省的西南部。因此，云南跨境民族地区实际上是与东南亚、南亚国家直接相连的地区，有着特殊的地理优势。第一，从区位上，云南是中国唯一可以同时从陆上沟通东南亚、南亚的省，并通过中东连接欧洲、非洲。而跨境民族地区又是直接连接东南亚和南亚的地区，独特的区位优势，凸显了跨境民族地区不仅在云南，甚至在我国建设中都有着重要的地位。第二，从历史看，跨境民族地区在我国对外历史上长期发挥着内陆门户的重要作用。早在秦汉时期，"南方丝绸之路"便造就了古代史上开放和鼎盛的云南；近代修建滇越铁路，带动了近代工业的发展。第三，从现实看，近年来，国家支持云南建设我国面向西南开放的重要桥头堡，使云南从开放"末端"归位于"前沿"[①]。因此，云南跨境民族地区的特殊区位优势决定了其在政治、经济、文化上都有着重要的战略作用。

在云南省跨境民族地区的8个州市中有5个自治州，分别是红河哈尼族彝族自治州、文山壮族苗族自治州、西双版纳傣族自治州、德宏傣族景颇族自治州、怒江傈僳族自治州。自治州作为我国的一种地级行政区，是在少数民族聚居地区建立的民族自治地方，设人民代表大会和人民政府。我国宪法规定民族自治地方享受很高的自我管理权利。其中就包括：行政权（由本民族人自主管理本民族、本地区的内部事务，并培养少数民族干部）；立法权（制定自治条例和单行条例的权力）；自主安排、管理、发展经济建设事业（自主安排、管理、发展本地区的经济建设）等。因此，这些地区能依据实际情况，制定与经济、社会发展相关的政策。例如，为促进大学生返乡就业出台户籍限制、本民族本地区毕业生优先、定向培养等一系列规定。正因为如此，上述数据分析显示跨境民族地区毕业生返乡就业率高于非跨境民族地区。

（二）技术层面：现代物流体系的硬件支持

依据《云南省现代物流业发展规划（2006—2020年）》，截至2020年云南省将通过整合资源、合理布局、扩大开放，加快物流基础设施和信息化建设，形成公路、铁路、水运、航空等多种运输方式有效衔接的物流基础设施网络。基本建立高效率、高质量的社会化、专业化、国际化的现代物流服务体系，把云南建设成为中国面向东南亚、南亚和泛珠区域的重要物流枢纽。现代物流在全省国民经济发展中的作用不断增强，成为带动全省经济发展的重要动力。

云南省现已出台全省现代物流产业发展规划，制定系统配套的现代物流发展政策。在昆明市、蒙自市、大理白族自治州、西双版纳傣族自治州、玉溪市、曲靖市等经济条件好的中心城市，现代物流业发展走上正轨，基本建成了功能齐全的物流信息平台，物流电子数据交换（EDI）得到相当大范围的普及和应用，物

---

① 陈晓波. 云南要在"一带一路"战略中发挥作用[N]. 云南信息报，2014-04-28.

流信息共享机制已初步形成。现已初步形成以第三方物流企业为主体的现代物流企业体系,提高第三方物流业在物流业务中的比重。以烟草、花卉、野生食用菌、蔬菜水果、矿产、生物资源、交通运输等特色优势企业为龙头,产业物流供应链已基本建成。全省已成立10余家专业物流企业联系点,近30家物流企业示范点,有将近10家物流企业进入国家4A、5A级行列,物流业对经济增长的带动作用明显增强。同时云南省政府积极鼓励企业采用现代物流技术,实施传统物流向现代物流的转型,已将物流成本占GDP的比重降低到20%左右。

预计到2020年,云南省将成为中国面向东南亚、南亚的区域性物流枢纽,届时完整的物流园区和物流配送中心体系将基本形成,物流区的物流基础设施建设进一步完善,省物流信息平台,集商流、物流、资金流和信息流整合为一体化的现代物流体系基本形成,包括国际物流、区域物流、市域物流一体化的现代物流圈,以及物畅其流、快捷准时、经济合理、用户满意的社会化、标准化、信息化、专业化的现代物流服务网络体系。这必将为跨境民族地区的快速发展带来千载难逢的机会,为众多的返乡就业大学毕业生提供更多的职业发展空间。

四、战略规划的挑战分析

(一)政治层面:优惠政策的逐步取消

近年来,随着西部地区的逐步开发,各省市纷纷实行开放的发展规划。云南省也顺应时代发展,不断引入外来人才。就此,云南省跨境民族地区也逐步取消对人才的地方保护主义政策。以云南省公务员招聘为例,与2011年相比,2015年云南省跨境民族地区的8个州市无论对本民族考生还是对本地区考生的优惠比重都在下降(但文山壮族苗族自治州在对民族考生和临沧市对本市考生的优惠比重稍微有所上升)。由此可见,跨境民族地区限户口和限民族的政策影响力在逐步降低(见表3-5)。

表3-5　2011年和2015年云南跨境民族地区在公务员考试中对
本民族和本地区考生的政策优惠变化情况

州市	年份	公务员岗位数/人	少数民族/人	少数民族比重	限制户口岗位数/人	限制户口比重
德宏傣族景颇族自治州	2011	410	150	0.365 9	166	0.404 9
	2015	229	80	0.349 3	72	0.314 4
红河哈尼族彝族自治州	2011	723	98	0.135 5	523	0.723 4
	2015	213	26	0.122 1	103	0.403 6

续表

州市	年份	公务员岗位数/人	少数民族/人	少数民族比重	限制户口岗位数/人	限制户口比重
保山市	2011	385	12	0.031 2	236	0.613
	2015	296	5	0.016 9	178	0.601 4
临沧市	2011	224	24	0.107 1	113	0.504 5
	2015	440	20	0.045 5	265	0.602 3
怒江傈僳族自治州	2011	224	30	0.133 9	179	0.799 1
	2015	235	12	0.051 1	170	0.723 4
文山壮族苗族自治州	2011	495	74	0.149 5	356	0.719 2
	2015	288	52	0.180 6	175	0.607 6
西双版纳傣族自治州	2011	237	133	0.561 2	170	0.717 3
	2015	283	59	0.208 5	155	0.547 7
普洱市	2011	483	49	0.101 4	355	0.735
	2015	243	19	0.078 2	151	0.621 4

（二）社会层面：外部压力大与内部动力弱并存

近年来，一方面，随着城乡二元体制的破除和户籍制度的完善，人才流动越来越频繁。部分省份外来人口大量涌入，不仅为当地带来富足的劳动力，同时也使就业压力加剧。由表 3-6 可以看出，云南省在全国各省市人口净流入量排名第 11 位，位于西部地区第二，西南地区第一。由此看出，云南省外来人口数量较大，这在一定程度上对本地人口就业带来一定的冲击。另一方面，云南省近年来不断打破户籍限制，引进人才。例如，2014 年 12 月 30 日人社部发布《人力资源社会保障部关于修改〈就业服务与就业管理规定〉的决定》，该文件于 2015 年 2 月 1 日起施行。其中明确规定：在法定劳动年龄内，有劳动能力，有就业要求，处于无业状态的城镇常住人员，可以到常住地的公共就业服务机构进行失业登记。同时重新修订失业登记的范围包括：年满 16 周岁，从各类学校毕业、肄业的；从企业、机关、事业单位等各类用人单位失业的；个体工商户业主或私营企业业主停业、破产停止经营的；承包土地被征用，符合当地规定条件的；军人退出现役且未纳入国家统一安置的；刑满释放、假释、监外执行的；地方确定的其他失业人员。这一规定将外来人口与本地人口失业登记进行了同等对待，打破户籍制度限制。

表3-6　第六次人口普查我国内地各省区市人口净流入数据　　　单位：万人

省区市	户籍人口	常住人口	净流入人口
广东	8 502	10 432	1 930
上海	1 418	2 301	883
浙江	4 733	5 442	709
北京	1 255	1 961	706
江苏	7 496	7 866	370
天津	992	1 294	302
新疆	2 025	2 181	156
福建	3 537	3 689	152
辽宁	4 253	4 374	121
山西	3 473	3 571	98
云南	**4 563**	**4 596**	**33**
山东	9 548	9 579	31
吉林	2 715	2 745	30
内蒙古	2 440	2 470	30
海南	848	867	19
西藏	289	300	11
青海	552	562	10
黑龙江	3 824	3 831	7
宁夏	632	630	−2
河北	7 191	7 185	−6
陕西	3 840	3 733	−107
甘肃	2 716	2 557	−159
江西	4 713	4 456	−257
重庆	3 314	2 884	−430
湖北	6 175	5 723	−452
湖南	7 078	6 570	−508
广西	5 159	4 602	−557
贵州	4 160	3 475	−685
安徽	6 862	5 950	−912
四川	8 998	8 041	−957
河南	10 428	9 403	−1 025

数据来源：第六次人口普查（2010年）数据

面对着日益紧张的就业局势，大学毕业生将就业区域纷纷扩大，一些发达省份、发达地区的毕业生响应国家西部大开发的战略，将相对发展落后的西部地区作为就业地点；同时云南省发达地区的毕业生也开始选择跨境民族地区作为就业方向。这对跨境民族地区的毕业生来说是极大的挑战。

根据上述数据分析和图 3-1 可知，云南毕业生在就业单位选择上对国家单位的偏向强；而跨境民族地区返乡就业的毕业生对单位稳定性的看重又高于非跨境民族地区。这不仅与社会、家庭对稳定工作的追求有关，同时还与地区经济水平较低，各项制度不完善相关。麦可思就业研究团队的研究表明，第三产业是吸纳就业最为关键的产业。而云南地区，尤其是少数民族地区对国家、国有单位的偏好更为明显。由表 3-7 能够看出三年间云南省公务员考试的招考人数在不断下降，而报考人数并没有大幅降低，这导致竞争比例上升，竞争压力进一步加剧。

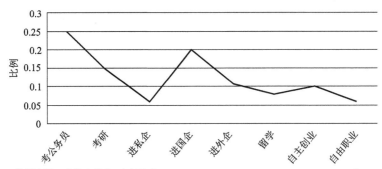

数据来源：大学生就业_云南网（http://special.yunnan.cn/feature3/node_26680.htm）。

图 3-1　云南省大学生对就业单位的选择意向

表 3-7　2013—2015 年云南省公务员招考人数

年份	招考人数/人	报考人数/人	竞争比例/%
2013	10 416	185 379	17.8
2014	9 830	169 567	17.25
2015	6 188	166 432	26.9

数据来源：云南省公务员局（http://gwyj.ynhrss.gov.cn/）。

第三节　跨境民族地区大学生返乡就业的政策分析

新中国成立至今，有关于高校毕业生就业的政策人们普遍比较认同的演变历程可以大致分为三个阶段：统包统分阶段、由供需见面逐步向双向选择的过渡阶段和以市场为导向的自主择业阶段①。这些政策的变化不仅反映出国家主导利益取向的变化，同时我们可以发现大学生就业政策的演变与社会主义经济发展密切相关，并且它们的诞生需要多个社会利益主体的参与和配合。

云南作为一个中国跨境民族的典型地区，在响应国家就业政策的同时积极推出适合云南自身特殊情况的特殊政策来解决大学生就业问题。这对于推进云南沿边境跨境民族地区的教育发展，把云南建设成为面向东南亚、南亚人文交流的桥头堡，具有重要的现实意义②。

一、高校毕业生宏观就业政策的演变

在讨论高校毕业生就业政策的演变之前，我们首先应该了解什么叫政策，了解一下政策的定义。关于政策的定义，中西方学者从不同角度给出了他们的理解。

例如，我国学者陈振明的定义是：政策是国家机关、政党以及其他政治团体在特定时期为实现或服从于一定社会政治经济文化目标所采取的政治行为或规定的行为准则，它是一系列谋略、法令、措施、办法、方法、条例等的总称。③而美国学者伍德罗·威尔逊（Woodrow Wilson）认为，政策是由政治家即具有立法权者制定的而由行政人员执行的法律和规范④。卡尔·弗里德里奇（Carl J. Friedrihc）认为政策是在某一特定环境下，个人、团体或政府有计划的活动过程，提出政策的用意就是利用时机、克服障碍，以实现某个既定的目标或达到某一既定的目的。⑤虽然他们在表述上有所不同，但是他们有着共同的特点：政策是由政府或者其他权威人士制定的计划和规划；政策是一系列活动组成的过程；政策具有明确的目的、目标或方向，不是自发或盲目性的行为；政策是对社会所做的权威性的价值分配。而就业政策，是指党和政府在一定的历史条件和历史阶段为促进经济发展和社会进步，为劳动者创造就业机会、扩大就业机会所制定的行为准则。

介于以上关于政策的阐释，我们可以认为，大学生就业政策是国家在一定的

① 周建民，陈令霞. 浅析我国大学生就业政策的历史演变[J]. 辽宁工学院学报（社会科学版），2005（1）.

② 何跃，高红. 论云南跨境教育和跨境民族教育[J]. 云南民族大学学报（哲学社会科学版），2011（2）.

③ 孙绵涛，邓纯考. 错位与复归——当代中国教育政策价值分析[J]. 教育理论与实践，2002（10）.

④ 陈振明. 政策科学[M]. 北京：中国人民大学出版社，1998：23.

⑤ Carl J. Friedrich Man and His Government [M]. New York: McGraw-Hill, 1963: 79.

历史条件和历史阶段，为促进经济发展和社会发展，为毕业生创造就业条件、扩大就业机会，维护毕业生和用人单位的合法权益所制定的指导方针和行为准则。大学生就业政策是国家就业政策的重要组成部分，受到国家政治、经济、人事制度等因素的制约，它包括国家基本方针政策、具体政策和各省、自治区、直辖市以及各地据国家方针政策和本地实际情况制定的地方性政策规定。[1]

（一）"统包统分"的就业政策

"统包统分"是指政府负责大学生的就业，大学生毕业后由国家按计划统一分配工作。从新中国成立初期一直到 20 世纪 80 年代中期，在计划经济模式下，经济建设是当作政治任务来完成的，作为经济建设的新生力量——大学毕业生，则是作为"新鲜血液"，由国家集中调配，就业于国家最需要发展的重工业基地、社会基层和沿海开放城市等。为了更好地发挥大学生群体在国家建设中的作用，中央提出了"统一计划、集中使用、重点配备"和"在适应国家建设需要的基础上，贯彻学用一致的原则"等一系列毕业生分配的方针政策，并在此基础上确定了"地方分配、中央调剂"的分配原则。因此，在新中国成立初期及以后几十年中，大学毕业生的就业基本上是由国家统一分配，实行有计划的统筹安排。学校按计划招生，用人单位按计划接受大学毕业生。这种计划经济体制下无不带着"计划"二字烙印的高等学校毕业生就业政策称为"统包统分"模式。这种就业模式的特点是"由国家包下来分配工作，负责到底"；执行的是"统筹安排、集中使用、保证重点、照顾一般"的大政方针。应该说高校毕业生由国家负责按计划分配的制度，是伴随着我国长期实行的计划经济体制而产生和完善的，这种分配制度与我国当时的计划经济体制相适应，体现了社会主义制度的优越性，在一定的历史时期发挥了重要的历史作用。在新中国刚成立的很长一段历史时期内，百废待兴，"统包统分"的就业政策保证了国家建设和社会发展对人才的需要，它适应了当时的社会发展形势，有利于国家宏观调控人才流向，有利于社会安定。这样的就业制度虽然让毕业生普遍就业，但弊端也很多，如专业和岗位不匹配，毕业生就业去向较为固定，不灵活，用人单位的选择范围很小，人才不能流动，这些造成人才极大的浪费。随着社会的发展，这种就业制度的局限性就大于它的积极意义，亟须改革。

---

① 陈令霞. 我国大学生就业政策演变及其价值分析[D]. 东北大学，2005.

（二）"供需见面，双向选择"的就业政策

20世纪80—90年代改革开放逐渐深入，我国经济体制正处在由计划经济向市场经济转轨时期，国家在毕业生就业方面的"计划"色彩也在一步步减弱，市场调节的作用渐渐凸显。"统包统分"的大学生就业分配制度对于人才资源的合理配置、学生学习的积极性、学校的办学积极性及用人单位择优选才都产生了不良的影响，亟待改革。1985年5月27日，我国高校毕业生就业政策改革的重要标志性文件《中共中央关于教育体制改革的决定》颁布。而改革高校毕业生分配制度是该文件的重大决策之一，对于国家招生计划内的学生做出明确规定，其"毕业分配，实行在国家计划指导下，由本人选报志愿、学校推荐、用人单位择优录用的制度"。这项决策为毕业生就业制度的改革奠定了基础：国家有关部门开始对传统的"统包统分"制度逐步改革，形成了以"供需见面"为主要形式，以"双向选择"为指导目标的就业政策。"双向选择"毕业生就业政策顺应了教育体制改革对毕业生就业制度的新要求，适用于计划经济向社会主义市场经济转轨的全过程。有人形象地称"双向选择"毕业生就业政策开创的是一种"自由恋爱"般的新模式，以区别于计划经济"统包统分"毕业生就业政策实施的结果。"双向选择"对广大高校大学生和用人单位而言实际上是一种"双赢"。它实现了人才资源的合理配置，适应了经济发展的需要，促进了我国的经济发展；扩大了用人单位选才的自主权，有利于用人单位择优选才，促进了用人单位尊重知识、珍惜人才风尚的形成；扩大了高等学校的办学自主权，促进了学校的教学改革，增强了学校适应社会需要的主动性和积极性；扩大了高等学校毕业生择业的自主权，有利于学生发挥自身的素质优势，有利于学生发展成才；转变了在校大学生的思想观念，提高了他们的学习积极性和竞争意识；打破了过去在单一计划分配体制下，大学毕业生那种"包上大学，包当干部"的思想，使在校大学生有了危机感，学生感到没有真才实学就会找不到工作的压力，这从根本上为端正高等学校的校风和学风起到了推动作用；保证了企业、事业单位的人才需要，增大了毕业生到基层的比例，充实了基础科研、教学、生产第一线的人才需要。

（三）"双向选择，自主择业"的就业政策

以"双向选择"为主要特征的毕业生就业制度只是过渡性的就业政策，随着改革开放的深入和社会主义市场经济体制的建立与完善，建立以"自主择业"为主要特征的毕业生就业制度已经势在必行。1993 年 2 月 13 日，由中共中央、国务院颁布的《中国教育改革和发展纲要》是"自主择业"就业模式的政策依据，它明确指出：在 20 世纪 90 年代，随着经济体制、政治体制和科技体制改革的深化，教育体制改革要采取综合配套、分步推进的方针，加快步伐，改革包得过多、统得过死的体制，初步建立起与社会主义市场经济体制、政治体制和科技体制改革相适应的教育新体制。以《中国教育改革和发展纲要》为政策依据而确定的毕业生就业政策改革目标是：改革高等学校毕业生"统包统分"和"包当干部"的就业制度，实行少数毕业生由国家安排就业，多数由学生"自主择业"的就业制度，即除少数享受国家奖学金、专项奖学金、单位奖学金的学生，实行在一定范围内就业外，大部分学生在国家方针、政策指导下通过毕业生就业市场"自主择业"。在这种就业体制下，大部分毕业生将按照个人的能力、条件到市场参与竞争，而不再依靠行政手段由国家保证就业；用人单位也只能用工作条件及优惠待遇吸引毕业生，不能等待国家用行政命令的办法给予保证；而高等学校作为就业工作的中介，主要为毕业生"自主择业"提供服务。尽管国家已经提出了"自主择业"的大学毕业生就业政策，但到目前为止，"双向选择"的就业政策仍是我国大学生就业的基本政策和主要模式，这是因为"自主择业"的大学生就业政策还需要一个过渡过程。

总的来说，在我国建立大学毕业生就业市场要经历一个从不规范到逐步规范、从不成熟到比较成熟的市场发育过程，毕业生就业市场的培育和建立还要有个时间过程。"双向选择"的政策过渡是必然的。为了适应社会主义市场经济发展的需要，我国高校毕业生的就业政策只有随着社会主义市场经济的发展而不断改革，才能积极引导高校毕业生成功就业，从而使他们在各自的岗位上发挥特长，为社会做出应有的贡献。

二、高校毕业生宏观就业政策的构成

关于国家教育政策体系的构成问题，我们了解到国家教育政策通常可以分为三类，分别是总政策、基本政策和具体政策三部分。受这种分类方式的启发，我们可以将大学生的就业政策也划分为三类：大学生就业的总政策、具体政策和特殊政策[①]。

大学生就业的总政策是指规定大学毕业生安置、使用的指导方针和基本原则

① 万著. 当前我国大学生就业政策述评[J]. 黑龙江高教研究，2008（5）.

的各种政策；而具体政策是毕业生就业过程中的工作程序、纪律、各项具体规定以及各种地方政策；特殊政策，顾名思义，其内容不同于一般的政策，它是适用于西部开发、参军入伍、支边、自主创业、灵活就业、免费师范生等特殊群体的就业政策。①

（一）高校毕业生就业的总政策

高校毕业生就业的总政策具体包括：认清形势，深化改革；进一步完善高校毕业生就业工作管理体制；加快调整人才培养结构；拓宽高校毕业生到基层就业的渠道；切实解决非公有制单位聘用高校毕业生的有关问题；制订鼓励人才合理流动的政策；完善未就业高校毕业生的有关政策；进一步整顿和规范高校毕业生就业市场秩序；进一步加强对高校毕业生的思想教育和就业指导；发挥市场作用，建立高校毕业生社会服务体系等方面的原则规定。

1. 认清形势，深化改革

从总体来说，目前高校毕业生数量与各行各业的需求量相比还远远不足，高校毕业生在地区的分布和结构上也不平衡，就业困难只是结构性的。解决这一问题，需要进一步解放思想、转变观念，建立市场导向、政府调控、学校推荐、学生与用人单位双向选择的就业机制，努力实现高校毕业生的充分就业。

2. 完善高校毕业生就业工作管理体制

在国务院的领导下，各政府部门和地方政府要密切配合共同做好高校毕业生的就业工作。要抓紧调查研究，认真研究分析未来几年高校毕业生的就业形势，把就业工作纳入当地经济和社会发展的整体规划，提出深化改革、妥善解决高校毕业生就业问题的具体措施。

3. 加快调整人才培养结构

加快调整高校学科专业结构和人才培养结构，提高教学质量，使高校培养的人才更好地适应实际需要。深化用人制度改革，逐步在全社会实行学业证书、职业资格证书并重的制度。

① 万著. 当前我国大学生就业政策述评[J]. 黑龙江高教研究, 2008 (3).

4. 拓宽高校毕业生到基层就业的渠道

引导高校毕业生到基层、到中小企业就业是解决高校毕业生就业问题的主要途径。要做好农村中小学教师的定编和教师资格的认定工作，坚决清退不合格教师和代课教师，空出岗位吸纳高校毕业生到农村中小学任教，提高农村义务教育的质量；继续贯彻《国务院办公厅转发教育部等部门关于进一步做好1999年普通高等学校毕业生就业工作意见的通知》（国办发〔1999〕50号）精神，鼓励和支持高校毕业生到农村基层支教、支农、支医、扶贫等，即"三支一扶"；鼓励高校毕业生到西部地区工作；录用到各级政府机关工作的应届高校毕业生要安排到基层和企业锻炼一至两年，中央国家机关各部门录用的高校应届毕业生要安排到西部地区基层单位锻炼一至两年。

5. 鼓励人才合理流动

落实企业用人自主权的规定，鼓励用人单位根据实际需要多招聘高校毕业生；取消城市收容费、出省费、出系统费和其他不合法、不合理的收费政策；省会及省会以下城市放宽对吸收高校毕业生落户的限制。

6. 完善未就业高校毕业生的有关政策

对毕业离校时未落实工作单位的高校毕业生，档案管理机构对保管其档案免收服务费，本人要求户口和人事档案保留在学校的，按规定保留两年。超过两年仍未落实工作单位的高校毕业生，学校和档案管理机构将其在校户口及档案迁回其入学前户籍所在地。

7. 整顿和规范高校毕业生就业市场秩序

要采取措施实现高校毕业生就业市场、人才市场和劳动力市场相互贯通，实现网上信息资源共享，更好地为高校毕业生和用人单位服务。

8. 加强对高校毕业生的思想教育和就业指导

加强对高校毕业生进行正确的世界观、人生观、价值观和择业观教育，使高校毕业生树立自主择业、勤奋创业、终生学习的观念，树立根据社会需要就业，到基层建功立业的思想，主动到祖国需要的地方干一番事业。政府有关部门要切实做好高校毕业生就业工作，以提高就业率为中心，加强就业指导，全面提高服务水平。

（二）高校毕业生就业的具体政策

当前我国高校毕业生就业的具体政策主要包括毕业生就业过程中的工作程序、纪律、各项具体规定以及各地在不违背国家法律和国家相关政策规定的前提下根据地方的需要所制定的政策措施等。例如，北京《关于深入推进选聘高校毕业生到农村工作的意见》（京办发〔2009〕23号）；山东省济南市《关于实施"济南市大学生创业引领计划"的意见》（济人社发〔2011〕64号）等。

（三）高校毕业生就业的特殊政策

1. 志愿服务西部计划的优惠政策

例如，2010年大学生志愿服务西部计划志愿者除享受国家规定的高校毕业生就业优惠政策外，还享受《关于实施大学生志愿服务西部计划的通知》（中青联发〔2003〕26号）、《关于做好2004年大学生志愿服务西部计划工作的通知》（中青联发〔2004〕16号）、《关于统筹实施引导高校毕业生到农村基层服务项目工作的通知》（人社部发〔2009〕42号）等文件的有关优惠。有关研究生加分和报考公务员加分相关政策以人社部发〔2009〕42号文件为准。一是自2010年开始参加西部计划的，服务期满2年且考核合格的志愿者，3年内报考研究生，初试总分加10分，同等条件下优先录取。全国项目办于2011年1月15日前将符合加分政策的志愿者名单和电子数据库（包括地方项目）报送教育部有关部门。二是志愿者服务期满2年且考核合格的，报考公务员等享受相关优惠政策，出省服务的和在本省服务的志愿者优惠政策必须保持一致，具体政策规定由省级人力资源社会保障部门确定。此外，志愿者补贴、志愿者保险费用、志愿者体检费等其他经费都得到相应的保障。

2. 鼓励自主创业，促进以创业带动就业政策

教育部2002年第19号文件（国办发〔2002〕19号）中提出，鼓励和支持高校毕业生自主创业，工商和税务部门要简化审批手续，积极给予支持。另外，为贯彻落实党的十七大提出的"实施扩大就业的发展战略，促进以创业带动就业"

的总体部署，国务院办公厅转发人力资源社会保障部等部门《关于促进以创业带动就业工作指导意见》的通知（国办发〔2008〕111号）。第一，要统一思想认识，明确目标任务。以创业带动就业工作是实施扩大就业发展战略的重要内容，是新时期实施积极就业政策的重要任务。各地区、各有关部门要高度重视，通过政策支持和服务保障，优化创业环境，鼓励和扶持更多劳动者成为创业者。第二，完善扶持政策，改善创业环境。要求放宽市场准入，改善行政管理，强化政策扶持，拓宽融资渠道。第三，强化创业培训，提高创业能力。要加大培训力度，提高培训质量，建立孵化基地。第四，健全服务体系，提供优质服务。要求健全服务组织，完善服务内容，提供用工服务。第五，加强组织领导，推动工作开展。要强化政府责任，完善工作机制，营造良好氛围。

3. 免费师范生就业的相关政策

温家宝同志2007年3月5日在政府工作报告中指出，在教育部直属师范大学实行师范生免费教育。确保免费师范毕业生到中小学任教，鼓励优秀高中毕业生报考师范专业，鼓励优秀青年长期从教，培养造就大批优秀教师和教育家。这意味着，近代中国在相当长时间内实行的师范生免费教育制度，如今将重返大学校园。免费师范毕业生就业工作由有关省级政府统筹，教育、人力资源和社会保障、机构编制、财政等部门组成工作小组，负责制定并实施就业方案，落实保障措施，确保免费师范毕业生到中小学任教。省级教育行政部门要统一掌握本地区中小学教师岗位需求情况，会同机构编制部门在核定的中小学教师编制总额内，提前安排接收免费师范毕业生编制计划。各地应首先用自然减员编制指标或采取先进后出的办法安排免费师范毕业生，必要时接收地省级政府可设立专项周转编制，确保免费师范毕业生到中小学任教有编有岗。

4. 入伍服兵役政策

自2007年以来，根据国务院、中央军委征兵命令，各地加大各级各类院校应届毕业生的征集力度，较大幅度地提高了兵员质量。为进一步落实国家鼓励普通高校毕业生应征入伍服义务兵役的有关政策，促进服兵役期满后的高校毕业生顺利就业，推出以下措施。

第一，被确定为预征对象的普通高等学校应届毕业生离校时，就读高校为其办理《全国普通高等学校毕业生就业报到证》并在备注栏注明"预征对象"字样。在入学时已将户口由原籍迁至就读高校的预征对象，要将户口迁回原籍。

第二，入伍高校毕业生原就读高校根据全国学生资助管理中心或省级学生资助管理中心核实的信息，对本校入伍毕业生进行登记备案，并作为其退出现役后办理就业手续的依据。

第三，入伍高校毕业生退出现役后，可参照普通高等学校应届毕业生，凭用人单位录（聘）用手续，向原就读高校再次申请办理就业报到证。申请办理就业报到证的期限从退出现役当年的 12 月 1 日起，至次年 12 月 31 日止。

第四，各地公安部门依据退出现役高校毕业生所持的《全国普通高等学校毕业生就业报到证》，为其办理从原籍到工作所在地的户口迁移手续。直辖市按照有关规定执行。

三、云南高校毕业生就业政策的构成

高校毕业生是云南省宝贵的人才资源，科学合理地配置好毕业生人才资源，对实施科教兴滇，促进云南省经济社会全面发展和社会稳定，具有重要意义。在贯彻实施国家就业政策的前提下，云南省结合自身实际出台了相应的地方政策。笔者也将用上述分类来回顾当前云南省高校毕业生就业政策。

（一）云南省高校就业总政策构成

1. 坚持改革方向

毕业生就业工作要从各地实际出发，逐步建立市场导向、政府调控、学校推荐、学生与用人单位双向选择的就业机制。

2. 切实加强领导

各级政府要把毕业生就业工作纳入当地经济和社会发展的整体规划中，要在政府的统一领导下成立毕业生就业工作领导小组，及时解决毕业生就业中出现的新情况和新问题。

3. 完善和落实相关政策

例如，国家机关接受专业性较强的博士、硕士毕业研究生，可按照国家公务员特殊职位免笔试考试办法，办理录用手续；从经济发达地区自愿到经济欠发达地区工作的毕业生，户口可以随迁，也可以落回生源地；工作 3 年后，要求调回并有接收单位的，人事部随时为其办理调回手续等优惠政策。

4. 加强毕业生就业工作

通过继续在媒体上分校分专业公布高校毕业生就业率来调整招生数量和专业质量。

5. 完善毕业生就业服务体系

各地、州、市和有条件的县、市要建立规范的毕业生就业市场。做好毕业生就业的推荐与服务工作，增加就业工作的透明度。

6. 毕业生就业工作的基本政策

毕业生就业工作的基本政策包括以下内容：并轨后列入普通招生计划的大中专毕业生、毕业研究生，统一列入云南省毕业生就业方案；明确落实《毕业生就业报到证》的各个签发单位；取消限制，简化手续，为毕业生就业创造宽松的环境；定向生、委培生以及与单位签订有协议的保送生的就业限制放宽；户口、档案的管理与派遣和国家政策基本一致。

（二）云南省高校就业的特殊政策

除了在总体政策方面的具体调整，云南地区的就业政策还体现在其他方面：大学生志愿服务西部计划、特岗计划、就业面向基层、创业促进就业、就业见习、免费师范生等。

1. 志愿服务西部计划

云南省地方项目按照公开招募、自愿报名、组织选拔的方式，从 2006 年起，连续 5 年，每年招募 1000 名高校毕业生到乡镇农村中小学、医疗卫生机构和农技推广服务机构开展支教、支农、支医和扶贫等工作，时间一般为 2 年。参加云南省地方项目的志愿者除享受国家规定的高校毕业生就业优惠政策外，还将享受云南省给予志愿者的相关补贴以及户口、奖励和考试等方面的优惠政策。

2. 特岗计划

"特岗计划"是农村义务教育阶段学校教师特设岗位计划的简称。通过公开招募高校毕业生到西部"两基"（基本实现义务教育和基本扫除文盲）攻坚县、县以下农村义务教育阶段学校任教，引导和鼓励高校毕业生从事农村教育工作，逐步解决农村师资总量不足和结构不合理等问题，提高农村教师队伍的整体素质。参加"特岗计划"的高校毕业生享受与毕业生基层就业和参加"三扶一支"规定的各项优惠政策。同时享有研究生入学考试加分、重新择业和免费培训等优惠政策。

3. 基层就业

引导和鼓励高校毕业生面向基层就业，是党中央、国务院做出的一项重大决定。云南省一方面面临着高校毕业生就业困难的问题；另一方面，广大基层、边远地区和艰苦行业还存在人才匮乏的状况，需要高校毕业生到这些地方建功立业。云南省为促进高校毕业生灵活实现基层就业，多方位地拓宽渠道，采取诸如加大选调生工作力度并继续实施到农村服务计划，实施面向基层就业的定向招生制度，建立就业见习制度等。进一步完善毕业生就业政策，引导高校毕业生面向基层就业，如实行灵活的户籍管理、优惠的工资政策等。随着经济的发展，云南不断深化改革、完善机制、加强领导，从而保证责任、政策、资金的三落实，为高校毕业生面向基层就业工作创造了良好的氛围和环境。

4. 创业促进就业

就业是民生之本，创业是经济发展的活力之源，为实现更加充分的社会就业目标，促进云南省社会经济又好又快发展，在创业促进就业方面，云南省加大扶持力度：放宽市场准入限制，给予财政扶持，税收优惠，金融支持，培训和创业补贴以及各种社会保障优惠。各级政府和有关部门更是加强组织领导，完善就业创业服务，千方百计增加就业岗位，努力实现扩大就业与促进经济增长的良性互动。为鼓励和推动劳动者积极创业，2009年起，云南省鼓励创业"贷免扶补"。"贷免扶补"是指各级人民政府和有关单位为首次创业人员在云南省自主创业提供贷款支持、税费减免、创业服务、资金补助等方面的扶持措施。

5. 就业见习

关于云南省高校毕业生就业见习工作，各地、各有关部门在省委省政府的高度重视下认真贯彻落实《云南省高校毕业生就业见习工作实施意见》精神，积极开展工作，取得了较好的成效。为了确保毕业生就业见习工作的圆满完成，省委省政府进一步确保了见习人员生活补助费按时足额发放、落实社会保险、简化就业见习补助费报账程序等，努力营造全社会关心支持就业见习工作的良好氛围。

6. 免费师范生

云南省生源免费师范毕业生就业工作由省人民政府统筹，多部门组成工作小组，负责制定并实施就业方案，落实保障措施，确保免费师范毕业生到中小学任教。免费师范生要取得教师资格证书并与云南省教育厅签订《师范生免费教育协议书》，云南省鼓励免费师范毕业生到边远贫困和民族地区任教，同时也为免费师范生提供优惠政策，如档案和户口的接转、经考核录取为教育硕士研究生可在职学习等。云南省为切实保障免费师范生到中小学任教，做好教育和管理工作，建立了相应的工作督查机制。

四、高校毕业生就业政策的困境分析

随着我国三十多年来的高等教育改革，本科生入学比例从 1977 年的 4.8%逐年升高至 2010 年的 69%。研究生规模也"跨越式发展"，招生人数从 1994 年的 4.2 万人激增到 2012 年的 51.7 万人。高等教育已经从精英化全面走向大众化。据人力资源和社会保障部数据显示，2014 年全国高校毕业生人数为 727 万人。相比 2013 年 699 万毕业生增长 28 万人次，再创历史新高。没有"最难就业季"只有"更难就业季"已经成为普遍现象。为了应对高校毕业生严峻的就业问题，国家和地方都出台了一系列强有力的措施，但是毕业生仍面临很大的就业压力。分析当前国家层面和省级层面的高校就业政策，仍然不难发现其中存在的诸多困境，面对"更难就业季"时诸多的就业促进政策仍显无力。

（一）就业扶持政策缺乏实施细则

首先，部分政策内容的界定不够明晰。例如，"大学生志愿服务西部"计划对服务期满报考公务员和研究生的大学生，当年报考公务员的，同等条件下优先录用。申请小额担保贷款除城乡就业困难人员和城镇复退军人外，其他符合申请小额担保贷款的借款人，从事微利项目的，据实全额贴息等。上述政策中的"同等条件优先""微利项目"条款内容没有明确界定或界定不全面，给实际操作和实施带来难度。其次，部分政策缺乏细化的配套措施。省级层面的高校毕业生就业创业政策的配套政策缺乏更为精细的说明。例如，中小企业发展资金和技术改造贷款贴息政策没有细化相关政策措施，目前只有少数地区在执行；小额担保贷款工作也存在诸如担保基金风险补偿、有效奖补机制和呆坏账处理等制度细化不到位问题，影响整个工作的推进。再次，部分政策之间衔接平衡不够。例如，"西部计划"和"三支一扶"较"大学生村官"存在待遇低、就业条件差、发展空间小等问题，实施几年来大学生热情不高；高校毕业生到城乡社区担任专职社区工作者计划，由于部分地区的地方财政无法保障，此项工作后续跟进较慢；一些地方在制定高校毕业生创业政策时过于倾向科技类创业，凡科技类创业可申请创业基金，提供无偿资助，其他类创业仅提供小额担保贷款及贴息；绝大部分的高校毕业生就业创业政策没有与办理就业失业登记证挂钩，高校毕业生对办证积极性不高，这在一定程度上影响了对未就业高校毕业生情况的总体掌握，等等。

（二）就业政策的宣传不够深入

作为当前和未来很长一段时间社会主义建设的主要人力资源，近年来，大多数高校毕业生已经能够正确地认识自己并且给自己清晰的定位，能够客观地审视自身的优势与不足。面对严峻的就业形势，他们通过不断提高自身素质来适应社会需求，并期望在进入社会后能有个好的工作开始。但是就目前情况来看，毕业生对国家出台的促进就业的政策关注度并不高。原因主要有两方面：第一，国家出台的政策主要偏重于宏观调控，从大方向上引导就业趋势。政策内容本身与其受众大学毕业生的切身利益联系比较薄弱，不能产生直接效果，所以不能引起毕业生的高度关注。第二，就业政策在高校毕业生群体中的宣传并不广泛，大部分学生对政策内容了解程度不高。

（三）自主创业政策的落实不到位

目前的就业政策主要在面向基层就业、以创业带动就业、科研项目吸纳、入伍服兵役等方面有具体的措施和规定。但是对于大学生就业一个很重要的增长点——自主创业，目前还没有相应的完整的配套措施支持。例如，提供减免税费优惠和小额贷款，组织开展创业培训、创业指导、政策咨询等。大学生创业还面临各项政策持续、稳定与否的问题，在现实中朝令夕改等现象的大量存在往往使广大大学生创业承担巨大的政策风险，以至于他们丧失创业信心，只能以就业取代创业。

（四）就业政策的执行力度偏低

高校毕业生的就业形势与市场的发展状况密切相关，每当就业与市场出现矛盾时就会有相应的政策出台来缓解矛盾，政策的制定是否科学合理值得商榷。同时，针对这些出台的政策并没有相应的法律条文去执行保护它，所以就业政策的实施往往效率偏低。在现实中，作为就业中的弱势群体，大学生们不得不面对许多不平等的现象，如招聘过程中受到的歧视对待、工作实习期中存在的不平等现象、企业利用政策漏洞来享受优惠条件却回避责任义务的情况等。这些现象的产生都是大学生就业中存在的隐性问题，如果没有相应的法律文件来进行规范和制约，必然会对就业问题的解决产生消极影响，最终导致大学生就业形势变得更加艰难。这其中反映出来的主要问题有：各政策项目执行不平衡和就业创业服务质量偏低。从调研的情况来看，目前，由人力社保部门直接实施的政策执行得比较好，而金融、税收促进就业政策执行情况不够理想。而小额担保贷款政策由于风险较大且手续烦琐，借贷双方积极性不高；税收减免政策扶持力度较小，再加上高校毕业生初创期的企业规模小，政策效果不够明显。高校毕业生就业的教育培训方面存在创业教育课程纳入高校学分管理的面不广、社会和企业组织提供的教育培训服务缺少积极性。公共就业人才服务体系方面存在公共就业服务信息化进程发展滞后、高校毕业生实名制工作基础难以夯实、公共就业服务市场与公共人才服务市场难以整合等问题，离打造一个"零距离、均等化"的公共就业人才服务体系还有一定距离。

第四章　跨境民族地区大学生返乡就业的
促进策略

第一节　政府层面：建构多维立体的大学生返乡
就业政策体系

众所周知，政策在整个就业过程中起着举足轻重的作用，构建多维立体的大学生就业政策支持体系，是解决当前大学生就业难的一个基础性的重要保障。实证研究的结果表明，毕业生返乡就业意向与毕业生对就业政策的了解程度、需求程度有显著相关。针对此因素，要对毕业生就业意向进行干预，首先应从就业政策入手。我们可以从大学生就业政策变迁过程来探讨。我国高校毕业生就业制度经历了从计划经济体制下由国家"统包统分"向社会主义市场经济体制下"国家政策指导，毕业生自主择业"的转变，初步形成了"市场导向、政府调控、学校推荐、学生和用人单位双向选择"的就业制度。从这一历程可以发现，新中国成立初期，我国根据国情确定了国家力量在大学生就业政策中主导性的行动逻辑，之后随着政治经济体制的改革，大学生就业政策从以国家计划调配向以市场配置为导向变迁。改革开放后尽管不断强调市场力量在人才配置中从辅助性、基础性到决定性的转变，但始终还有着国家力量在就业政策中起主导作用的强烈路径依赖存在，这种行动逻辑在我国政治带动实现社会发展这一根本的现代化逻辑不变的情况之下，是不可能被抛弃的，并且这种行动逻辑本身就有着强大的现实成效和贯彻力。因此，在促进跨境民族地区大学生返乡就业政策的制定中，政府是核心角色，因此政府能否更好地制定就业政策对于大学生能否顺利地、高质量地实现返乡就业有着举足轻重的作用。

大学生群体作为具有知识的青年群体，自主意识明显，加之流动性强的特点，更容易带来社会的不稳定。尤其是对于云南跨境民族地区而言，不仅少数民族众多且大部分地区都跨境而居，如何协调好跨境多民族地区返乡的大学生就业成为该地区政府不可忽视的方面。民族地区大学毕业生在就业时会面临一个比较尴尬的状况：一方面，他们掌握的知识层次、结构等与家乡所在民族地区的社会经济发展阶段断层，返乡就业会遭遇"高学历"歧视；另一方面，由于户籍制度等条件的限制，他们不能在其他城市实现就业。这些受过国家高等教育却不能正常就业的情况不仅使民族地区大学毕业生不能成就个人的梦想，也会造成人才的浪费。

一、建构宏观和中观的就业支持政策体系

通过返乡就业意向的实证研究，我们发现：毕业生的就业能力对其返乡就业意向的选择有显著的影响。其中，那些曾担任过学生干部，或曾获取过奖学金、英语等级水平证书的毕业生更不愿意选择到乡村就业，这实际上折射出来的问题之一是乡村地区无法提供与这些高校毕业生的知识能力、实践能力和技术能力相匹配的就业环境。因为就业中的自然环境和社会环境往往无法进行直接的、即时见效的调控，这一就业环境更多地取决于政策环境。于是问题就具体化为乡村就业的政策环境与高校毕业生的就业能力不相匹配，这使那些有能力的毕业生不愿意返乡就业。实证结果还表明，担任过学生干部或进行过职业专业培训的毕业生期待着更高的薪资水平，他们之所以不愿选择到乡村就业，也有着对乡村所能提供的薪资偏低且无保障这一非常现实问题的考虑。而这一点则是可以通过政府的主动行为实现调控的。现实的情况却是乡村的发展既有着广阔的职业空间，也亟须人才源源不断地输入。要化解这一矛盾，既需要毕业生自我人生职业规划的调整或重塑，也需要高校对大学生在就读期间予以针对性的指导或引导，但更需要政府提供对人才市场供给公平的政策保障。

首先，进一步提高国家对大学生就业政策主导调控的水平，加大宏观政策支持。20 世纪 80 年代以来，西方国家选择了两种不同的就业政策，即新自由主义就业政策和合作主义就业政策。奉行新自由主义的各国强调劳动就业中市场力量的作用。但是新自由主义就业政策执行几年后，虽然提高了就业率，但却出现了劳工权益损害、社会阶层贫富差距大等社会不公现象。[①]相对于新自由主义就业政

---

① 金喜在，孔德威. 劳动就业政策的新自由主义发展趋势[J]. 当代经济研究，2005（7）.

策来讲，"强调国家在促进就业中的作用"的合作主义就业政策更有利于实现劳动力市场效率与公平的统一①。合作主义就业政策把对市场有效的国家干预和对社会公正的尊重等机制结合起来，保持了长期稳定的高就业率，实现了有效的社会公平。我国特有的政治经济体制决定了我们不能完全放手市场，我们可以借鉴合作主义就业政策，重视国家有效干预的力量。就业作为国家行政管理的基本内容，对实现社会公正、维护社会稳定有着极为重要的意义。因此，我们应进一步提高国家宏观调控的水平，建立既尊重市场"看不见的手"，同时又体现国家"看得见的手"的高端劳动力资源配置机制。比如，在鼓励大学生到西部艰苦地区就业时，就可以把国家宏观调控的力量转化成市场的力量。国家可以把大学生人力资源补偿直接补贴给聘用大学生的用人单位。这样用人单位就有实力通过提高应聘大学生的待遇来吸引大学生。这体现了国家调控力量的间接性和隐蔽性，从而保障社会公平，促进经济和社会发展。

同时，还要强化省级层面的中观就业支持政策网络。具体来说，省政府应结合云南特色，科学规划，制定拓展大学生就业空间的政策。本书发现，制约大学生选择响应基层就业项目最重要的因素是工资低、没有发展前景、地区欠发达等。政府可以通过科学规划和政策扶持降低这些因素的影响。云南目前的产业结构还处于一产不优、二产不强、三产不快的情况。从长期来看，通过产业结构调整增加对高技能人才的需求，从而吸纳更多的大学生就业，是带动就业的增长点。而云南特殊的地理位置、自然风光、民族特色以及多元文化蕴藏着发展第三产业的生机。第一，加快旅游业、文化产业、餐饮业等第三产业的发展，特别是加快科技型第三产业的发展，以解决云南省第三产业吸纳大学生就业不足以及大学生就业的区域结构失衡问题。第二，抓住"桥头堡战略"建设机遇，积极发展外向型经济。一方面，以培育特色优势产业为龙头，加大农牧业、现代工业和现代服务业的发展，积极承接服务外包，加大对服务外包基地建设，为省内就业岗位的增加创造条件。另一方面，拓展对外开放的广度和深度，配合"中国梦·云南青年志在四方"活动，实施企业和人才"走出去"战略。探索与相邻国家共同建立跨境经济合作区、保税区，在东南亚、南亚国家建立经济开发区，把云南建成我国陆上开放试验区，借此扩大大学毕业生的就业出口。第三，大力培育和扶持中小

---

① 孔德威，金喜在.合作主义就业政策分析[J].当代经济研究，2006（4）.

企业及非公有制经济发展。采取积极的金融政策和财税政策，扶持中小企业和微型企业发展，畅通高校毕业生到中小企业、非公有制企业就业的渠道。

积极的宏观和中观就业政策的实施，可以有效地促成人才的回流，促进人才回流地的经济社会发展。跨境民族地区人才外流不仅使得这些地区有限的教育资源不能服务于本地区长期的发展，还在相当大的程度上挫伤了这些地区发展教育的积极性。人才流失问题，不仅存在于跨境民族地区，从国家层面来说，随着经济水平的快速发展，我国劳动力结构也在迅速变革，在加大外贸合作的同时，国内众多人才经过海外锻造后大部分也选择留驻海外，从而造成了国内人才流失的"马太效应"。国家正在大力架构人力资源回流机制，这作为国家层面的战略调控策略同时也适用于跨境民族地区。毕业生回流机制作为解决人才匮乏、提高当地人力资源竞争力、发展地方特色经济的一种有效手段，在云南省跨境民族地区也适用。这一举措既可以有效改善该地区的就业环境，也可以缓解人才危机。具体来讲，就是要积极贯彻国家促进大学生就业政策、丰富鼓励返乡就业制度和构建系统的就业服务网络。因此，架构和完善跨境民族地区的人力资源回流机制，可以充分缓解跨境民族地区的人才危机，有效改善跨境民族地区的就业环境，提升返乡就业学生的就业空间。

二、创设微观政策环境以落实返乡就业政策

除了建构以上宏观和中观两个层面的政策体系，云南省二三线城市以及县城还需要在以上政策的引导下，制定相应的层级政策，形成各具特色的大学生就业政策支持体系。

第一，落实国家的民族政策，制定返乡就业专项政策。

一直以来，国家对于民族地区的政策支持力度很大，致力于实现民族平等、促进各民族共同繁荣的事业，为提高少数民族地区的生活水平和经济水平做出了重大部署。但是，政策的落实还需要强大的人力资源的支持，而人力资源的获取则与政策的支持力度息息相关。对于跨境民族地区来说，国家应投入更多的物力、财力支持，充分建设跨境民族地区的基础设施和公共服务，形成完善、良好的基础条件，为返乡就业大学生提供舒适安全的就业环境。同时，加大对跨境民族地区特色产业的发展支持，特色产业的充分发展会引流出更多的就业机会，形成新的吸引人力资源回流载体。因此，发展经济、摆脱落后状态、为民族大学生返乡

就业提供良好的就业环境是跨境民族地区实现人力资源回流的根本所在。

近年来，为缓解大学生就业压力，促进毕业生就业方式多元化，国家出台一系列政策，如"大学生村官""应征入伍""特岗教师""困难学生就业帮扶""鼓励毕业生自主创业""毕业生见习制度""中小企业吸纳毕业生""鼓励毕业生到基层和中西部就业""顶岗实习"等。本次调研了解到更多的毕业生认为要解决好返乡就业问题，关键要依靠国家政策，而这些政策或多或少在促进大学生就业方面有一定成效。因此，在引导大学生返乡就业中，要积极贯彻落实国家相关政策，为大学生返乡就业提供政策扶持。然而，目前国家没有明确的关于大学生返乡就业的政策，只是在适应于全国范围的《国务院办公厅关于加强普通高等学校毕业生就业工作的通知》《国家促进普通高校毕业生就业政策公告》《关于引导和鼓励高校毕业生面向基层就业的意见》《关于选聘高校毕业生到村任职工作的意见》等一些政策性文件中有相关的条款。因此，制定专门的大学生返乡就业政策势在必行。

第二，加大返乡就业政策的宣传力度，强化政策的执行力度。

在此次问卷调查中，在回答"您知道少数民族就业优惠政策吗？您享受了吗？"时，仅有 6 人回答的是了解，其中有 1 人享受过"优选"加分政策，有 22 人是完全不了解或不知道。而根据前期资料查阅，"目前国家没有明确的鼓励大学生返乡就业的政策，只是在适应于全国范围的一些政策性文件中有相关的条款，只有少数州市出台有关政策来鼓励本地生源返乡就业"[①]，其中文山壮族苗族自治州虽然出台了有关创业促进就业的政策，但这个政策不仅仅针对大学毕业生，还包括所有就业者，针对性不强。政策中鼓励的力度也有限，在跨境民族地区的大学毕业生中未引起反响，也不足以影响他们就业的选择。这表明在跨境民族地区内明确规定鼓励民族大学生返乡就业的政策非常少且宣传力度不够。当地政府应该根据区内发展现状，制定更多更能吸引民族大学生返乡就业的政策（包括创业扶持、社会保障等），促进人力资源回流，满足区域发展对人力资源的需求。

首先，政府在政策出台之前，要主动掌握最新、最全面的大学生就业动态信息，以便于科学合理地制定大学生就业政策，并加快相关政策实施细则的制定和

① 邓红波. 人力资源竞争力视域下民族大学生返乡就业研究——基于广西壮族自治区和 Z 大学的实证调研[D]. 中南民族大学，2012.

规范，确保政策的有效性并落到实处。各部门之间更应互相监督，加强政策的执行力度。其次，政府还需加强政策的宣传力度，通过不断的宣传，促进大学生对政策的认知和消化。大学生只有主动掌握相关就业政策，才能更好、更快地实现大学生向社会人的角色转化，促进自身更好地就业。最后，政府要规范相应的配套政策。在大学生就业政策的制定上，政府常常会出现越位、缺位、错位的现象，因此，政府需明确政策执行中各部门的责任，合理地发挥政府以外的非政府组织的作用，加强进入与退出机制建设。

第三，体现地方差异，建立返乡就业激励机制。

在此次问卷调查中，设计了开放性问题，以了解不同州市吸引大学毕业生返乡就业的特殊举措。根据问卷调查的结果显示，大部分调查对象对本地区引导毕业生返乡就业的优惠政策并不了解。事实上，各州市基本上会采取一些优惠政策，如限制本地户口制度；实行"三支一扶""特岗教师""西部志愿者""大学生村官"等国家计划；采取本地生源优先，少数民族优先原则。同时，不同州市根据自身的情况提出不同的引导政策，如红河哈尼族彝族自治州提出紧急人才引进（选聘应届毕业生）计划，开展积极的就业指导，提供各类大小型招聘会；怒江傈僳族自治州实行高考录取降低分数的定向招生计划，并提供学费、生活费补贴等优惠政策；文山壮族苗族自治州为返乡就业的师范生提供教师廉租房等。

很多学者认为，目前我国大学生面临的就业问题，虽有总量问题，但更多的是结构性矛盾造成的，而大学生的失业更多的是一种结构性失业。上述数据分析显示，在就业单位选择上，返乡大学生就业多数集中于国家相关单位，企业单位、基层和自主创业吸纳的就业人数占比少。事实上，吸纳毕业生充分就业的广阔空间在中小企业。政府要进一步完善优惠政策，狠抓政策落实，努力营造非国家单位"下得去、留得住、用得上"的制度化环境，引导和鼓励更多的大学生向私营企业和基层就业。可针对大学生不愿意到艰苦地区和工作稳定性不足的私营企业就业的供求矛盾困境，建立人力资本投资收益补偿机制，弥补返乡就业大学生的经济或精神损失。

三、政府应利用跨境民族的优势拓宽就业

首先，跨境民族地区的政府应收集整理基层工作、中小企业等用人单位的最新动态信息，积极鼓励引导大学毕业生到基层和中小企业工作，有针对性地推出

新的补贴岗位目录，引导大学生向基层地区流转。其次，政府需完善大学生创业政策，加快推进创业基础设施建设，提供创业贷免扶补，充分保障和维护大学生就业过程中的权利和利益。再次，政府自身要扩大需求。我国大学毕业生很大一部分会选择考公务员、事业单位和企业等，然而考试招录的数量对于大学生来说仍然是僧多粥少。因此，政府要在健全招考制度的基础上，依据毕业生的比例开拓就业渠道，缓解毕业生的就业压力。

同时，要积极运用跨境民族地区的自治权，出台旨在促进大学生返乡就业的地方政策。在云南的 8 个跨境民族的州市中，多数州市属于地方自治地区（包括红河哈尼族彝族自治州、文山壮族苗族自治州、西双版纳傣族自治州、德宏傣族景颇族自治州、怒江傈僳族自治州）。在这些自治州，地方政府拥有自治权，可以在不与国家法律法规相抵触的前提下结合本地区实际情况，制定出特殊化的促进大学生返乡就业的政策。因此，这些地区能依据实际情况，制定与经济、社会发展相关的政策。例如，公务员或国家事业单位招考中对一些需要与当地群众有直接的或较多沟通的岗位制定户籍限制或本民族本地区毕业生优先的规定，对于一些需要高级专门人才的岗位可以联合相关企事业单位共同开展人力资本投资，采取定向培养的方式。

另外，跨境民族地区的各级政府要能够积极搭建就业服务网络平台，实现财政支持、社会运作、企业参与的返乡就业综合体系。系统的就业服务网络有助于实现人才回流，促进大学生返乡就业。从这个角度看，民族地区应充分利用各方面的资源来构建一个系统的就业网络。就云南跨境民族地区而言，应该着眼于本地区经济社会发展状况，全力构建一个"四位一体"的就业网络，以优化大学毕业生的就业环境，帮助大学毕业生实现就业。所谓"四位一体"的就业网络，就是由政府、高校、社区组织、行业协会四种社会组织共同参与构建的一个系统而全面的就业网络。在这个网络中，政府作为就业服务最大的提供者，主要负责对一些帮助大学生实现就业的企业或部门提供财政专项补贴等优惠性政策；普通高校、高职、高专等作为就业服务的生产者，负责为民族大学生提供合适的培训场地和良好的培训服务；社区组织负责统计就业结果并反馈服务效果等；行业协会等中介组织充分发挥其资源优势，引导企业积极为企业内部人力资源开发和发展下"培训订单"。就业服务网络的服务内容有岗位技能培训、就业定位指导、职业发展规划、就业心理辅导等。

在全球金融危机形势下，为有效应对外部快速变化的环境，企业在不断地计算现有人员工作时间与新增人员替代选择的成本收益关系，这会降低增量就业。大学生就业属于新的增量就业，因此大学毕业生会成为受冲击最大的就业群体。事实上，跨境民族地区，整体上在促进大学生返乡就业的对策体系中，用人单位吸纳大学生的动力普遍不足。政府应在利益机制上多做文章，制定有关政策，给企业较大实惠，最大限度地激发企业吸纳大学生的动力。可借鉴日本、德国、法国的利益驱动法，如规定大学生就业的最低工资标准、对返乡就业的大学生地方财政给予适量补贴、制定鼓励企业吸纳大学生的减免税政策等，促进用人单位吸纳就业。

第二节　社会层面：集结多方力量构建良好的返乡就业环境

社会环境是就业市场环境的一个重要组成部分，一方面为人的行为提供了资源和手段；另一方面也是人的行为发生和发展的条件与限制。既能够为人的发展提供有利条件，形成良好的就业素质，影响人的社会适应性，也可能成为人社会化的阻碍。良好的社会环境能为人充分发挥主观能动性提供有利条件，但同时有限的社会环境会限制人的行为选择和发生。因此，集结社会各方面的有利力量，构建良好的就业环境，是吸引跨境民族地区大学生返乡就业的必备条件。要吸引和鼓励跨境民族地区大学生返乡就业需要整合社会各方面力量，营造良好的、有潜力的就业环境。

一、以产业优化升级来扩大返乡就业空间

云南省跨境民族地区是一个旅游资源和自然资源极其丰富的地区。近年来，云南天气干旱异常、地质灾害频发，如何有效利用特色资源，形成特色产业服务链，加快产业优化升级成为扩大就业的关键。本书在实证分析部分表明，就业成功的返乡大学生专业性质比较强的只占少数部分，而大部分不对口专业的学生经过招考、利用家庭社会资本等途径获取工作，原因主要是家乡的平台局限，很多专业无用武之地。在就业体系中，各行业的中小企业是对就业人员专业性容纳量最大的行业，所以应加强跨境民族地区的中小企业发展，完善组织结构，整合业务能力，拓展人才吸纳渠道，为返乡就业的大学生提供更多的工作机会和发展空间。

实证分析结果还发现，跨境民族地区经济发展落后，就业机会少。因此，解决大学生返乡就业问题的根本在于发展经济，增加就业岗位。经济增长是扩大就业的长久动力和源泉，我国应综合、灵活地运用各种宏观调控手段，保持经济持续发展以维持与促进就业，这是政府有关部门和学者们早就认识到的。就大学生就业而言，也是要与经济增长有机结合起来，在经济增长中解决就业问题。现实生活中的许多政策还是以经济增长优先，对于就业则或兼顾、或无视、或排斥。这种做法显然都是错误的。但是，我们也应当看到，"就业是民生之本"，而经济发展则是就业依托的岗位来源，也就是说，经济发展不可放在第二位，而必须做到把就业和经济增长两者并重，不能够孰先孰后，而是必须放在同等的"第一位"地位。因此，在我国，当务之急是真正落实"就业和经济增长并重"的战略。

第一，优化升级产业结构。

目前国内就高校毕业生就业难问题的研究，主要是从高校毕业生的就业环境、就业能力、供求总量、政府及高校的就业指导和就业服务等方面提出应对方案。但从社会经济总体发展的角度看，大学生的就业难问题折射出的是当前我国经济发展中的深层次问题：现行的经济产业结构无法适应经济进一步发展的需求，以劳动密集型为主体的产业结构虽然曾为社会吸纳了大量社会剩余劳动力，但却难以为逐年增多的高校毕业生提供充足的高层次工作岗位；劳动密集型企业一般位于低端产业链，对知识型人才的需求力和吸纳力都相对较弱。跨境民族地区的返乡大学生通过寒窗苦读，顺利通过高考，之后在外求学，经过几年的学习，毕业后选择回到家乡，本身就对工作有着较高的期望。而该地区由于经济发展落后，农业在整个产业结构中占主要地位，本身较少的企业又多以与农业相关的劳动密集型为主，自然一些大学生会选择观望，出现待就业情况。而当前在国家对产业结构调整的规划中，跨境民族地区应抓住机遇。首先，地方政府在政策制定过程中应当结合本地实际加大经济产业结构调整的力度，大力发展知识密集型、技术密集型等高附加值产业。例如，该地区地处云贵高原太阳能资源丰富，可大力发展太阳能相关高新技术等。其次，运用区位优势，进行跨国合作。例如，与东南亚、南亚国家共同开发水能资源，解决技术难题。最终促进产业升级，增加对返乡的高校毕业生等高层次知识人才就业的吸纳能力。

第二，大力发展第三产业。

第三产业是解决就业问题的主要产业，是解决大学生就业问题的主要途径之一。而目前我国的第三产业发展水平较低，劳动生产率不高。就业比重不高以及劳动者素质偏低等导致就业难度加大。就云南跨境民族地区而言，发展第三产业必须找准本地区优势，并加以开发利用，形成独具特色的产业链。具体而言，首先，积极发展旅游业，形成以旅游业为中心的产业链。跨境民族地区不论自然景观还是人文景观都十分独特，但目前真正被利用开发的不多。更有效地对其进行开发，引入有知识和技术的人才至关重要。返乡就业的大学生为此提供了智力支持。随着旅游业的兴起，与之相关的餐饮、住宿、物流、交通、文化服务等相关产业也会提出新的更高要求，这些都为返乡大学生提供就业机会。其次，加快小城镇建设，大力推进城镇化进程。小城镇是大中城市和农村之间在空间上的联结点和过渡区域，能自动阻止农村剩余劳动力冲击大中城市。云南跨境民族地区要支持利用各地区发挥特色，发展乡镇企业。例如，组建普洱茶大型生产基地，运用大学生先进的生产技术、管理理念和营销方式扩大普洱茶国际知名度，为地区创收。

第三，中小企业努力加强自身建设。

不可否认，中小企业已成为解决就业压力的主力军。近年来，中小企业提供了约75%的城镇就业机会。[1]原因可以概括为以下几个方面：第一，中小企业门槛相对较低，大学生准入竞争没有那么激烈。第二，中小企业对以大学生为代表的高层次知识型人才的需求度较高，希望由大学生来提高企业技术水平，促进企业进一步发展。第三，中小企业资本有机构成低，吸收每一位劳动者就业所需的有效资本量也较少，雇佣成本较经济。第四，中小企业单位投资所包含的劳动力和单位产值所消耗的劳动力都明显高于大企业，劳动力利用效率相对较高。第五，中小企业普遍重视大学生劳动力，大学生在企业中的升职和晋升机会相对较多、较易。本次对"跨境民族地区大学生就业难的主要原因"进行的问卷调查，发现多数人认为家乡就业岗位少是主要的不利因素之一。跨境民族地区的中小企业较少，能提供的就业机会也相对少。而中小企业作为吸收就业的主要形式，必须为跨境民族地区大学生返乡就业创造条件。本书通过实证分析发现大部分返乡就业的大学生选择工作稳定的国家单位、国有企业，关键原因就是中小企业的工作不稳定、不正规性。因此，中小企业应通过积极融资、完善组织结构、拓展企业业务、加强自身建设，逐渐发展壮大，为返乡的大学毕业生提供更多适合的工作机

① 颜建南.促进大学生就业的对策研究[J].生产力研究，2014（10）.

会、更好的发展平台、更系统的发展路径。因此，政府应该积极扶持中小企业的发展，跨境民族地区可以运用自治权给予中小企业更大的优惠，营造更好的经营环境，进一步激发企业的活力，维系就业容量。比如，金融市场的改革方向应该是保证中小企业的融资需求。

二、完善返乡就业的社会保障体系

目前，大学毕业生主要依赖各种校园招聘，并没有完全被纳入社会就业体系。法律体系尚不健全，在立法、户籍、社保等方面都需要加强。

户籍制度的改革有助于打破二元的城乡结构，不仅可以激励部分学生先就业再择业，同时也可以淡化大学生一次性就业的观念。[①]户籍制度的改革是促进大学生成功就业的重要保障。因此，取消户籍限制，消除由户籍产生的身份特权，使户籍与待遇相分离，消除由户籍产生的大学生就业障碍的同时，完善社会福利和保障制度，解决好医疗、教育、居住等问题，使大学生可以获得更加平等的就业机会，这些将有助于真正的平等就业的形成，有利于在社会福利享受和公共产品的提供上实现均等化，最终在完善社会保障制度的基础上，缓解云南省大学生的就业压力。除此之外，还需规范税收优惠政策，在遵照相关法律法规的基础上，结合本省实际，出台可操作性强、规范的税收优惠政策，并努力提高政策执行效率。在市场经济中，追求利益最大化是首要目的，为了规范大学生就业市场，提供更多岗位，必须完善高校毕业生就业市场建设。所以，要严格整顿市场秩序，实现各类就业市场的信息透明化，并且尽快将大学生就业问题纳入法制轨道。

三、实施四方联动推动毕业生返乡就业

第一，政府应树立典型人物事迹，并实施就业信息的精准发布。对于已返乡就业并获得成功的典型人物事迹应树立典范模式，加大对典型事迹的宣传力度。在人类历史的发展长河中，典型事迹的推动作用是必不可少的，要充分利用人的典型崇拜心理，将个案的影响发挥到最大，鼓励和引导大学生多向典范学习，并树立赶超典范的志向。在跨境民族地区，可针对少数民族的风俗特性和民族文化

① 李雪. 江苏省大学生就业政策研究[D]. 南京理工大学硕士学位论文，2012.

进行少数民族典型事迹树立，利用民族认同感和血族亲缘感吸引众多大学生。

在调查中，我们发现绝大多数的高校毕业生就业信息的获取都是通过网络和同学等途径，社会上并没有专业的为毕业生提供系统就业信息的公司，毕业生对就业信息了解不全面就导致了在就业信息选择上具有倾向性，在就业信息获取上具有周期性。要解决这一问题就必须拓展就业信息的社会渠道，建立全方位的信息获取网络。具体来说可以从两个方面着手：一是选择就业信息的发布时间。社会性的就业信息咨询公司，应连续性地提供就业信息，尤其在毕业生考研或考公务员后也应该注重信息的提供，让毕业生有更多的选择，提高毕业生的就业率。二是提供全方位具有针对性的就业信息服务。社会性的信息咨询公司应该提供更多的可靠信息作为学生可用的就业信息来源，最好与学校形成密切的合作关系，与学校就业相关部门进行良好的沟通，必要时通过学校与毕业生进行深入的互动。

第二，企业应多为应届毕业生提供实习机会。以目前情况来看，毕业生与就业单位之间的沟通和接触仍然单一薄弱，主要形式采用校园招聘会、宣讲会、网站发布消息、传单发送等，但求职者仅仅对用人单位的表面信息有所了解，并未充分感受到上岗的就业体验，所以，用人单位如果能提供更多的实习机会，既能提高求职者的就业能力，又能让用人单位对求职者有深入的了解。特别是在跨境民族地区，如果能为有意愿返乡就业的大学生特设一些实习岗位，将会大大促进大学生返乡就业的积极性。

第三，媒体应创设有利的舆论环境。本次对"跨境民族地区大学生就业难的主要原因"进行的问卷调查，发现大多数人认为"就业观念落后"是最主要的不利因素，因此转变就业观念极为重要。不同时期的社会背景对于青少年的职业价值观都有很大的影响，社会舆论往往影响着大学生的就业选择。尽管大学生返乡就业逐渐成为趋势，也被很多专家学者称为理性选择。但也有些媒体将此种选择称为"逃离"，认为大学生选择返乡就业实质上是逃离大城市的行为。用"逃离"这样负面的词语来形容大学生的返乡就业，会无形中给这类大学生造成压力，认为自己的行为是没有勇气和缺乏挑战的表现。随着时代的进步和社会的发展，媒体巨大的影响力贯穿于日常生活中，甚至会对人们的言行举止产生导向作用。广大媒体对于大学生就业的关注与报道不仅会影响大学生自身，还会对许多家庭产生间接的引导作用。倘若媒体能够切合时下环境与就业情况，做出有利于大学生理性就业的报道，及时解读最新的就业政策，给大学生提供更多就业信息，为选择返乡就业的大学生冠以理性、褒义的词汇，相信会给有此类选择或者有意向的大学生更多精神上的鼓励。

第四，家庭应给予合理建议，进行理性选择。本次调查中发现，一半以上的毕业生选择返乡就业是因为父母的意愿，由此可见，家庭因素对大学生是否选择返乡就职影响极大。家庭是影响子女一生的课堂。父母对子女的教育方式不仅会影响子女的性格、爱好，还会对他们之后的人生选择有潜移默化的影响。所以父母在面对子女的就业问题时，应结合实际，起到合理建议、科学提议的作用。因此，家庭应鼓励和提倡子女结合自身个性特点，理性择业，对选择返乡就业的孩子"给予精神上的鼓励和支持"。

第三节　学校层面：创新人才培养模式，实施分类就业指导

一、确立政策驱动型的高校就业指导工作导向

实证研究的结果非常清晰地表明，毕业生对就业政策的了解程度会影响其响应政策的程度以及对相关就业的认知、期望和结果。而且从实证数据看出，很多政策还不被大学生认知和期待。本书给行动者提供了一条清晰的就业指导工作的行动路线，即积极就业政策的传播、执行可以实现对高校毕业生就业意向的有效调控和引导。

从教育主管部门入手，建立政策驱动型的高校就业指导工作的领导和监督。教育厅相关部门要充分认识到毕业生对就业政策认知的重要性，通过行政干预要求全省各高校积极开展毕业生就业政策的宣传和了解。并且可以根据学校专业性质、学校所处位置及生源情况等因素，在普及所有就业政策的基础上有的放矢地进行有针对性的政策宣讲。

高校应把就业政策的宣传作为就业指导工作的重点来抓，而且不仅仅在毕业生中进行宣传，还应该通过各种形式针对各个年级进行。据笔者了解，以往高校也要求进行政策宣讲，但为什么效果不佳？原因有三：第一，一些政策往往是应景之计，临到就业季才发布，高校就业工作者无法及时全覆盖地宣传到位。第二，形式单一，基本是以课堂形式和会议形式进行，效果一般。高校以后可以通过一

些生动具体的事例来让毕业生了解就业政策。第三，就业指导工作不应只是就业专职人员的职责。应加大教师对大学生就业的关注和指导，通过教师的指导来让政策尽可能得到扩大宣传。

另外，高校要协同政府来落实国家的大学生就业培养政策。从"天之骄子"到"毕业即失业"，中国高校毕业生就业形势严峻是当前社会主义建设中出现的新问题。就业政策作为政府实现就业规划、保障公共利益的工具之一，在政府促进大学生就业工作中发挥着重要的作用。但是它也有自身的不足，所以要解决大学生就业难问题，还需要高校的协同努力。高校是培养大学生的摇篮，作为大学生与社会之间的媒介，高校促进着大学生角色的转变。因此，如何从政策层面提高高校对大学生的培养，从而促进大学生就业，成为人们关注的重点。为此，高校需要从以下几个方面做出协同努力：首先，高校应推进教育改革。在高等教育大众化发展趋势下，高校应大力发展与地方经济挂钩的相关专业，处理好数量和质量的关系，大力开展校企之间的合作，广泛推广订单式人才的培养模式。其次，高校需要完善大学生就业见习和培训，提高大学生自身的素质。"大学生就业难"现象的产生，一方面和社会、经济环境有关；另一方面，大学生自身工作经验、职业技能缺乏，也是非常重要的因素。完善的高校毕业生就业见习制度，提高了高校毕业生的职业技能，有利于广大毕业生将理论知识转化为实践经验，把学校所学知识学以致用，有利于毕业生更好地达到用人单位的要求。最后也是最重要的一点，高校在加强大学生社会实践的基础上也应加强大学生专业课教育，提升大学生的核心竞争力。大学生在大学阶段必须要经过收集资料，处理所获得的信息，并经过整合提出方案，再修正与完善方案，最后提交总结这样一个过程。整个学习的过程和社会上一样，需要经历这些环节。因此，在大学期间，完成各门课程的学习是提高大学生自身素质的基本途径。

二、以返乡就业为导向创新高校人才培养模式

高校是人才输出最重要的平台，作为云南省的高校应立足省情、与云南的发展相结合，及时调整人才培养模式与策略以保证人才供给与跨境民族地区的职场需求相契合。云南与其他省份的高等教育有着较大的差距和鲜明的区位特点，更应结合云南的特殊省情、区域特色、众多民族、自然生态以及面向东南亚的地理位置等方面去挖掘自身优势，把云南独具一格的风格发扬光大，办一些针对特殊

区域特殊人群的专业，并且结合"桥头堡战略"的主要目标，力求各高校能办出地方特色、办出云南特色。具体可以从以下几方面着手。

首先，克服同质化倾向，培养特色人才。从整个云南省高等教育系统来说，要鼓励不同层次不同类型的高校办出特色。根据每所高校办学历史、区位优势和资源条件等，确定特色鲜明的办学定位、发展规划、人才培养规格和学科专业设置，克服同质化倾向。特别是跨境民族地区的高校应逐步实现"地方性、民族性、国际化"，彰显地域文化的办学特色。

其次，高校应主动适应经济发展和劳动力市场的变化。云南的高等教育人才培养模式改革不能封闭进行，要研究云南"桥头堡战略"带来的经济结构调整和劳动力市场发展的趋势，提前规划学科专业结构和人才培养体系，并在实施过程中进行动态调整；建立政府、高校与劳动力市场之间的对话沟通机制，鼓励用人单位积极参与高校人才培养，及时交流人才使用和培养中的问题，推动建立利益相关者共同参与高等教育人才培养的体制机制。重点可着眼改变目前边疆少数民族地区人才专业结构不合理，信息技术、生物技术、新材料技术、环保产业及高原特色农业等高技术领域的人才紧缺以及高层次科技人才青黄不接的状况。

再次，重视学生综合素质的培养。本次问卷对"跨境民族地区大学生就业难的主要原因"进行调查，发现多数人认为个人综合能力也是影响就业主要的不利因素之一，因此加强大学生综合素质的培养是高校应重视的方面。当今社会是知识和经济的社会，科学技术迅速发展，各种竞争日益激烈，社会需要能够适应各种要求的高素质人才。在就业市场中，用人单位对高校毕业生的知识理论水平提出要求的同时，也对高校毕业生的综合素质要求越来越高。不仅要求毕业生懂技术、善表达、会管理，而且要求毕业生要有创新意识和团队合作意识等，要提高高校毕业生的就业率就是要从根本上提高毕业生的综合素质。本次调查发现，跨境民族地区大学毕业生成功就业的因素除了符合用人单位的需求以外，专业知识、实践和工作经验、沟通表达能力也比较重要。因此，当下对大学生的培养不能仅仅停留在学习理论知识的层面。但是部分高校毕业生的意识落后，只重视理论知识的学习，认为只要按照学校的课程安排学习就没问题，而不注重提高自己的综合素质，很少参与社会实践或学校活动，造成"高分低能"。在激烈的就业竞争中，适应能力弱、心理素质差、缺乏创新精神，影响了这类学生的就业。虽然现在我国的高校改革不断加快，高校毕业生的能力和素质也不断提高，但总体上仍然不能达到社会的要求，这种矛盾使得返乡就业大学生面临更为严峻的挑战。

最后，高校应制定多元的人才培养方案，提高不同类型大学生的就业能力。云南省是一个多民族的省份，少数民族学生的比例较高，平均在30%左右。少数民族学生很多来自跨境民族地区，有其特殊的资质，如能歌善舞、通晓本族语言和风俗，对当地的人文熟悉，这些资质目前还是潜在的、善待挖掘的就业优势。高校应根据学生的这些资质以及云南省经济发展可能需要的发展方向采用分类多元培养，制定多元的人才培养方案。对于经济落后的地区，如果当地高等学校能够针对自身发展与当地学生实际情况培养适应当地的专业本土人才，将会在一定程度上减少人才流失，促进当地的经济发展。①

三、多种措施并举提高高校就业指导水平

在培养好高组织人才的基础上，应该提高高校就业指导水平，建立多维度指导服务体系。目前，我国高校大学生的就业指导属单维度指导，即就业指导的理论研究和方法论都是以大学生为对象的，从大学生的角度来进行。但是从实际过程中来看，学生就业的核心能力都是在大学生活学习期间培养起来的，这一能力的高低除了与学生个人有关系，还与学校的教育、引导有着密切的相关性，这种相关性至关重要。但是在现在的高校教育培养模式中，高等院校的素质教育还有待提高，也就是说高等院校应该根据学生的发展趋势和社会需求以及学校自身所具有的特色属性来准确地进行角色定位，不断转变就业指导观念，不断提高就业指导人员素质，建立专职指导岗位，不断改进就业指导课程体系，为学生提供全程化优质的就业指导服务。高校在面向学生进行相应的就业指导以提高学生就业竞争力的基础上，应逐步深化自身对就业指导的见解以完善自身建设，提高学校整体的实践指导水平，由此建立协调统一的高校多维度就业指导体系。具体来说，应从四个方面着手。

第一，转变高校就业指导服务人员的就业指导理念，建立全过程就业指导体系。目前的就业指导只是单纯地为毕业生提供符合自身和社会发展趋势的就

业服务，更多的高校甚至只是开展就业动员大会等只有形式没有具体内容的就业指导。因此构建与时俱进的就业指导模式应从转变就业指导观念开始，以发展的眼光看问题。一方面不再单纯被动地只提供就业信息，而是通过职业生涯课程和就业指导课程的结合，根据学生身心成长规律，为学生提供全程性的就业指导。具体来说，从大一入学就让大学生开始了解社会就业形势，提前知晓本专业相关就业信息，为职业生涯做好长远的规划，帮助大学生树立大学期间的目标并为之努力，形成全过程的就业指导体系。另一方面，重视理论与实践相结合，在引导大学生树立正确就业观的基础上，就业指导部门应全程为大学生提供每一阶段的就业市场及实习基地，学以致用，用实践的方式检测自身的职业规划与职业选择，及时调整择业方向。

第二，提高高校就业指导相关人员的专业素养。首先，高校应定期组织进行培训，提高透彻分析能力，以准确分析当前阶段毕业生就业需求、现实就业形势等。其次，依托固定的指导机构，构建就业指导长效机制。从目前社会中大学生人才需求的现实要求来看，高校可依托固定的指导机构，把高校就业指导工作与大学生综合素质的培养、课程改革、大学生创业教育等相结合。再次，建立自上而下的就业指导体系，就业指导工作可组织安排学校和各学院领导、各院系的辅导员、专业教师、班主任等，形成系统的指导体系，以保证自上而下的高度重视。最后，就业指导体系可形成以校长为主、分管就业工作的校领导为辅的机构设置，可成立各学院负责小组，为大学生就业指导委员会提供必要的人力、物力、财力方面的支援。

第三，建立与完善高校的就业信息网，提供就业指导的服务平台。调查发现，30.6%的调查对象表示主要的就业信息来源是本校就业信息网。然而在现实中，一些高校的就业信息网存在名存实亡的情况。一方面，就业信息更新不及时，甚至显示的是几年前的信息；另一方面，就业信息过滤不够，一些虚假信息时有出现。因此，完善高校就业信息网成为高校为毕业生服务的重要环节。

第四，改变单一就业指导服务模式，丰富就业指导形式。通过访谈可以看到，目前我国大多数的高校就业指导形式都是单向讲授，包括讲解一些就业形式、择业技巧及目标确定等，没有互动式、开放式的教学，因此在就业指导体系的建设中可以从以下两个方面丰富指导形式：一是有针对性地、按专业分门别类地开设。目前就业指导课程，基本上都是以整个学院甚至整个学校的毕业生为单位，很少有以毕业生专业为单位划分的就业指导课程,而分门别类的开设更符合现实需要、符合就业指导目标。二是开放式现场教学、注重礼仪内容的面授。高校应改革单向讲授的培养模式,更加注重开放性教学,只有在开放性教学中才能有更多的互动机会,让同学们以亲身实践来体验,才能学习到自身需要的内容。同时注重面试礼仪的面授,是很有现实意义的。

四、建立多维度就业指导服务体系

第一,以就业观念调查为基础实施分类指导。实证研究的结果表明,在影响高校毕业生就业意向的因子中,就业观念扮演着非常重要的角色,不同的就业行为倾向,特别是不同的职业价值观念对毕业生实际的就业行为有着难以更改的内在指导作用。就业观念是就业意向内部相当稳定的动因框架,据此来说不能通过改变高校毕业生自身的就业观念来实现对其就业意向的调控和引导,而只能使高校毕业生在准确识别其价值观的基础上明晰其就业意向,从而达到其就业实际结果与其就业意向的内在匹配。这就需要做到以下几点:首先,高校就业指导工作要重点完善诸如工作稳定性、发展的机会、薪酬福利等就业行为倾向和对能力提升、经济收益增加、人际关系拓展、个人才干发挥空间等职业价值的识别指标体系与测评标准。其次,开展能够面向全体在校大学生的就业观念测评活动,建构完整的就业行为和职业价值类型测评管理的回路,实现对大学生的完整反馈和及时跟进。最后,收集整理社会职业类型,提供与职业类型相匹配的职业价值观和就业行为倾向勾连列表,给出用人单位所重视的相应因素和技能列表,使大学生在校期间能够有针对性地进行职业预规划和职业预训练。

第二,以就业能力开发为方向进行职业指导。交互作用的实证分析表明,就业能力中虽然知识能力被毕业生看重,但在实际就业选择中其发挥的作用实在有限,反倒实践能力和技术能力是毕业生和招聘雇主都颇为看重的因素。并且知识能力较强更能促成毕业生收拢其就业选择的视野,而实践能力和技术可增强毕业生就业的信心和勇气,客观上反倒会扩大就业选择的范围。另外,本书还引入了职业能力的概念,用职业规划能力和职业转向训练两个指标来表达。回归分析的结果表明,职业能力对就业意向的多个构成维度存在着广泛的显著影响。实证分析的种种结果提示着对高校毕业生来说在校除了要端正学习态度、明确学习目的、学好专业课程,还应有意识地积极参加诸如兼职工作、实习工作和社团工作等实践活动，有意识、有计划地培养自己的语言表达能力、协调沟通能力、抗挫折能力和开放式的心态。在校期间要能够有意识地进行职业的规划设计，依从职业规划设计展开在校的读书、实践和生活。

就学校就业指导工作来说，以能力开发为面向的职业指导应着力从以下几个方面推进：第一，实施全程的大学就业能力开发体系。首先，测评大学生的职业价值观，以职业价值观为导向协助大学生做好职业生涯规划。这是进行精准就业指导的起点。这一工作适宜在大学生刚入学时就纳入进来，使其产生职业生涯规划的意识和思路。经过大学一年级大学生自身主动地进行职业兴趣探索，在学年终结或二年级开始之时就业指导部门对大学生进行完整的职业兴趣测试或职业价值观测试，并导入社会职业的分类和岗位能力要求，促成大学生把就业能力的开发提上自己大学生涯的议事日程。经过大学二年级和三年级的调整、适应、巩固，从而可以为大学四年级就业奠定较为稳定的就业观念支持系统，提高大学生择业就业的精准程度。学校就业指导部门对已经毕业参加工作的本校毕业进行跟踪调查，提供反馈，完善指导工作，并实现与大学新生就业指导的封闭回路和无缝连接。第二，变革课程体系和培养体系，将就业能力的开发有机地导入大学教育的过程之中。设置针对从一年级到四年级的职业能力开发的课程体系，并导入相应的学分修读计划之中。第三，组建专职和专业的就业指导工作队伍，实现由工作队伍点对面的专项指导，实现由大学生面对点的专人咨询。可以把现有的辅导员队伍纳入就业指导工作组当中，实现学院人力资源的优化配置。

第三，提供全方位的就业指导服务。现今各大高校都设立了专门的就业指导中心，负责学生的就业工作，开设就业指导课程，规划学生的职业生涯等。然而，根据调查发现高校开设的就业指导课程对学生的帮助并不大，有些学生甚至认为没有帮助。但学生对就业指导却较为看重，顺序依次是职业生涯规划指导、就业程序和技巧指导及就业需求信息（包括招聘会）。因此，加强职业生涯规划、就业程序和技巧指导等，普及就业政策，让民族大学生对自己的就业优势有清晰的认识，从根本上转变他们选择返乡就业的就业观念。另外，高校应完善就业服务体系。大学生毕业签订就业协议后，随之而来还有大量的毕业手续需要办理，这些手续一般比较烦琐，特别是在二次就业后耗时较长，需要投入的精力比较多，因而毕业生往往会对这个过程相当厌恶，甚至有可能因为这些烦琐的手续而放弃工作机会，因此，学校和政府都应采取一定的措施，充分发挥其公共服务职能，通过发展和完善就业市场的信息网络，指导学生办理各项手续，为学生提供快捷的服务，扫除他们在户籍、档案等方面的障碍，解决学生的后顾之忧。

五、完善就业指导服务和就业创业教育

高校作为培养人才的基地，促进学生的发展是其主要目标之一。为了让学生们能发挥出个人才能，将高校培养出来的人才输送到合适的岗位，实现更好的就业，高校必须完善就业教育和就业服务体系。

第一，提供更多的实习、实践机会。学校和各州市的社会单位、机构、实验基地等合作与联系，为学生提供更多可靠与有价值的实习机会，为学生返乡就业提前做准备，让学生在不断的实习和实践中提升自己为人处世的能力和实践能力，从而起到用人单位和学生之间的桥梁作用。例如，高校与云南省跨境民族地区各政府建立"学校——政府——单位"项目，充分挖掘政府部门、企事业单位、第三方资源，为有意愿返乡就业的民族地区大学生，尤其是家庭困难的大学生提供相适应的就业实习机会。

第二，完善就业教育，开展创业教育。完善就业教育，加强职业生涯规划和就业指导，普及就业政策，让民族大学生对自己的就业优势有清晰的认识，从根本上转变他们选择返乡就业的就业观念。另外，在国家和地方政府出台的一系列促进大学生就业的政策中"鼓励大学毕业生自主创业"最为引人注目。在调查中发现，随着支持大学毕业生创业政策的相继出台，大学毕业生创业成功的案例陆续产生，越来越多的大学毕业生选择了自主创业的就业方式。同时，我们必须认识到：社会主义新农村建设需要大量的人力资源和智力资源，大学生返乡创业不仅适应了社会的需求，顺应了历史潮流，也找到了施展自己才华的宽广平台和实现自我价值的广阔空间。所以，扶持与引导大学生到农村就业与创业，不仅顺应了科学发展观的内在要求，而且是解决新农村建设人才匮乏难题和当前大学生就业难题的双赢之举。因此，不少学者认为创业教育是保证大学生可持续发展的有效保证，也是当前缓解就业压力及最终解决就业问题的长久之计。因此，高校应顺应时代潮流探析创业教育理论，开展创业教育。具体而言，高校可以系统开设创业指导课程，使大学生掌握自主创业背景知识，了解创业条件，明晰创业程序，学习创业方法，做好创业知识、能力和心理准备，避免创业的盲目性和随意性；

开展丰富多彩的社会实践活动，如通过校企合作等途径，利用课余时间或假期为大学生提供实践演练的机会，增加他们创业的热情和意识，引导他们在实践中体验创业的艰辛，磨炼意志，积累创业经验，锻炼创业能力；建立大学生创业基地，在人、财、物等方面加强创业基地的建设，使有条件的学生在校学习期间在创业基地进行见习和创业锻炼等，为大学生实践活动提供较为完善的服务平台。

第三，积极鼓励大学生返乡自主创业。数据统计显示，返乡就业的大学生选择自由创业就业形式的比重较低。在中央连续下发的促进大学生就业文件中，都积极鼓励大学生自主创业。大学生自主创业充分发挥了毕业生的主观能动性，是从自身角度出发来解决就业困难问题的方式。鼓励大学生创业一举多得，创业是就业的高级形式，一个创业者首先是一个就业者，同时还能创造更多的就业岗位带动其他人就业。高校毕业生通过自主创业和创办经济实体不仅解决了自身的就业问题，还可以缓解政府解决就业问题的巨大压力。为此，政府应给予大力的政策扶持。在高校毕业生自主创业过程中，首先，政府和社会应引导大学生打破传统的就业观念，转变大学生在就业过程中"等、靠、要"的求职心态，使其考虑自己去创业开公司、办企业的可能性。其次，政府应该鼓励部分有能力、有想法的高校毕业生大胆创业，对自主创业的大学生给予资金上、政策上的支持。此外，还应加强高等院校的创业教育和创业培训。例如，高校设置相关的创业选修课程或讲座，特别是在毕业班开设相关课程。对于跨境民族地区返乡就业的毕业生而言，政府应调动各方面的积极因素，积极听取毕业生的想法，提供专家咨询服务，立足本地区实际，运用大学生本身具有的先进知识，帮助大学生创办各类形式的经济实体，展现地区特色或独有文化。

第四节　毕业生层面：转变就业观念，提升就业能力

就业是民生之本，促进就业是安国之策。党的十八大报告提出，要转变经济发展方式，通过内涵发展推动实现更高质量就业，并把"就业更加充分"作为未来经济社会发展的重要目标。在党中央国务院的长期关怀、国家少数民族倾斜政策大力扶持和"桥头堡战略"背景下，如何深化民族地区大学生就业便成为社会关注的热点。人力资源竞争力薄弱是导致民族地区发展缓慢与社会发

展不利的重要因素，因此在目前民族地区经济相对落后的情况下，要采取切实可行的政策，来解决民族大学生就业难和民族地区人力资源匮乏的问题，从而提升民族地区的人力资源竞争力。[①]走访中发现，跨境民族地区的大学生有着强烈的返乡意愿，性别趋势和独生子女影响趋势弱、适应能力强的特点，能够在很大程度上打破社会资本对人力资源的限制，同时，他们对家乡地区的经济、文化、社会方面的贡献远高于普通的劳动力。吸引和鼓励更多的大学毕业生返乡就业，是提升跨境民族地区人力资源竞争力的有效途径。大学生返乡就业是解决云南省跨境民族地区目前人力资源存量不足、供应紧缺状况的及时雨。当今社会用人单位对高素质人才非常渴求，民族地区大学生面临的就业压力与日俱增，加之随着国家政策的扶持，云南省跨境民族地区近年来的不断发展，对人才要求越来越高，如何能在激烈的就业竞争中脱颖而出，获得工作机会，除了政府的鼓励和扶持、学校的教育和指导外，民族地区大学生自身也应该有所准备。在走访调查中，有19位受访者认为个人能力很重要，占总数的68%。从实证数据来看，个人综合力在当今用人单位的择人标准中占相当的比例。当今的就业形势严峻，就业竞争力大，对高素质综合型人才的需求与日俱增。大学生就业难相当一部分压力来源于能力的不平衡发展，如何在激烈的竞争中脱颖而出是当代大学生急需考虑的问题。除了深究社会、政府和学校等方面的缺失外，大学生个人更应充分提高自身的综合能力。

一、高校毕业生要努力更新就业观念

在当前重视人力资源竞争力的背景下，民族地区大学生除了要面临各种就业阻碍，还会遭遇更严峻的就业形势，同时也遇到了难得的人才发展、培养、成长机遇。那么在这种挑战与机遇并存的局面下，民族地区大学生要正确地择业，第一要务是更新思想，转变就业观念，树立正确择业观。在当今社会中，人力资源职位的层次分布呈正三角形，从底端向上，各职位层次对人力资源的知识技能要求逐渐提高，数量逐渐减少，而就业市场中的"供需矛盾"决定着大学毕业生就业的职位分布与层次、薪酬水平等状况。在今后相当长的一段时间内，我国的 GDP

① 邓红波. 人力资源竞争力视域下民族大学生返乡就业研究——基于广西壮族自治区和 Z 大学的实证调研[D]. 中南民族大学. 2012.

增长将保持在 8%左右的水平，每年能够提供的新增职位数在 600 万～900 万，而每年新增劳动力和需要就业的人数远远高于新增职位数。在这种情况下，民族地区大学毕业生的就业将向社会性职位"三角形"靠近底端的方向移动，大学毕业生树立大众化的就业观念已势在必行。

2002 年的全国高校毕业生就业工作会议就曾提出：大学生要转变就业观念，跳出"四大院"，即机关大院、院校、科研院所和医院，到西部地区和城乡基层、非公有制企业和小企业去寻找广阔的就业天地。根据上述分析发现，返乡就业的大学生与所有大学生一样都有向国家单位机关就业的一致现象，而在市场经济条件下，国家机关、国有企事业单位已不再是高校毕业生唯一的就业去向。如果高校毕业生仍固守原有的就业理念，对物质待遇、工作地域、工作单位、工作环境等抱有不切实际的期望和要求，无异于是自己缩小了就业选择空间，使原本可以就业的自己陷入待就业甚至失业的窘境。随着多种所有制经济的蓬勃发展，非公有制经济对高层次知识型人才、高校毕业生的需求日趋旺盛。毕业生在回到家乡谋职时，不能单纯地以进入国家机关单位为目标，要明确在其他非国有企事业、非国家单位工作也是为家乡建设出力，从而树立基层、企业单位等全方位、多渠道的就业观。唯有这样，毕业生才可以在竞争日益激烈的就业市场上找准自己的位置，才能在就业难的形势下使自己不至于陷入被动情形。

本次实证研究显示，目前大学生就业倾向于国家机关、事业单位、国有企业这些比较正规、稳定的组织，这样在就业时固然目标明确。然而，国家机关事业单位、国有单位能够提供的就业机会有限且获得职位较艰难，如果只盯准了这些工作机会，往往容易失去更多从事所学专业、发挥专业特长、施展才华的机遇。目前各种非公有制经济对大学生的需求正在迅速增加；大企业已经人才济济了，但中小企业还求贤若渴；大城市已经人满为患了，但广大的乡镇与农村还大有发展空间。面向基层、走进中小企业就业能够给民族地区大学生开辟一条新的就业思路，使其更快更好地实现就业。面向基层就业，是时代的召唤和国家的要求，也是当代大学生的必然选择。对于云南省跨境民族地区的大学生来说，随着西部大开发、"桥头堡战略"和"一带一路"倡议的有序实施，该地区的发展正需要更多服务基层、进行基础设施建设的人才，这正是发挥才能、服务家乡的好时机。走进中小企业是建设美丽云南的必经之路。另外，大学生们要认清就业形势，主动学习和掌握就业技巧，提高择业能力，对自己要有正确的认识，合理地确定就

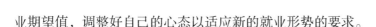

业期望值，调整好自己的心态以适应新的就业形势的要求。

广泛的宣传能够促成大学生的家庭转变观念，使其帮助子女树立正确的就业观，支持孩子追寻自己的事业。鉴于父母的价值观念必然影响孩子的价值取向，家庭不仅具有教育的功能，还是社会劳动力的生产单位，要解决大学生就业难问题，必须重视转变家长的观念，使家长确立正确的就业观和成才观。例如，支持子女选择非公有制企业就业，支持孩子自主创业，支持毕业生到基层的艰苦环境中锻炼成长。

二、加强示范性群体的职业思想教育

实证研究表明，学生中的有些党员及学生干部对基层就业政策的响应不积极，他们对就业地区、职业方向以及薪资水平的容忍度比普通学生低，也就是说他们不愿到农村工作，对薪资水平要求较高，同时他们对职业的方向更希望是企业或者行政管理人员，等等。

这一现象使我们不禁反思：学生中的中共党员和学生干部都是在学生群体里的先进分子，先进不仅意味着他们在学习上要优秀、能力上要强，还意味着他们在思想上也是比一般同学要先进。但是面对就业，他们却表现出对基层就业政策的不响应，以及对就业地点的挑选、对薪资水平的高要求及对职业方向的特定要求。由此可以看出，他们比一般学生群体更挑三拣四。笔者多年从事高校学生工作，确实发现有些高校中学生越来越功利。比如，个别同学说自己入党是因为自己亲戚是某领导，毕业后要进党政机关，需要党员身份。他们"为官之道"与处世哲学常常让我们老师自愧不如，也让我们不禁要问作为学生就这样精于世故，以后到社会将会成为怎样的人？

针对大学生，特别是示范群体中就业思想的现状，教育应该发挥它应有的引领和教化功能。高校首先要从学生入党的步骤抓起。2014年党章对入党程序有了新的修订。高校学生工作干部要严把入党关、端正入党动机。特别是针对现在个别学生党员出现的入党前积极进步，入党后放松要求的情况，高校既要重入党前培养，也要重入党后教育。其次，学生干部要精挑细选，不仅要用好还要教育好。不论是学生党员还是学生干部，我们除了正常的思想教育外，可以从所有学生均关心的就业入手，让他们了解当前全国大学生就业的现状、云南省的基本省情、省内近几年的就业情况、自己所学专业以及自己的特长、目前国家所倡导的就业政策，让他们在对国家、对社会和对自己的正确认知基础上，做出符合自己和自己身份的选择并起好示范作用。

风气的形成绝不是单方面的行为，学生党员和学生干部的示范群体不示范的现状还需得到社会、家长的共同营造，让风清气正的风气吹进高校的学生群体中。

三、提升综合能力，完善知识结构

提高大学生就业能力是解决返乡就业大学生就业问题的根本。目前，我国社会上出现大学生就业难与企业无人可用的两难境地，这与社会维稳的就业意识相关，但关键还在于大学生本身的就业能力有待于进一步提升。

第一，提升自身的综合素质，进行有效的返乡就业。就业定位是实现职业目标的一个准备，在现阶段就业市场激烈的竞争中，大学生结合自身综合实力和专业特色准确找到自己的职业定位是非常重要的。在调查中发现，多数毕业生认为找工作最有效的方式还是自己的努力，这表明个人实力的重要性。从前面叙述的实证分析中还可以看出，综合能力在求职过程中所占比例巨大，用人单位越来越重视求职者的综合能力，而对自我的认知定位是大学生寻找、弥补自身能力不足的一个前提。大学生在大学就读阶段，就应该对自我的性格优劣、能力定位以及意向工作有一定的认知定位，充分结合自己的兴趣方向，弥补自身能力缺陷，以符合意向岗位的要求。而弥补的过程是一个长期、反复的过程，需要大学生在校期间就制订一个符合自身发展的训练计划。这就要求学生在就业准备工作中，首先，要在校学习期间从各个方面补充自己的知识，自觉加强专业知识和专业技能的培养，提高自己的综合素质。其次，要强化竞争意识和市场意识，对就业市场的激烈竞争有一定的认识，提高择业时的抗压能力。最后，客观评判自身实力，准确定位自己的就业方向，寻找适合自己的岗位，为顺利就业打好基础。

第二，构建合理的、适应地区发展需要的知识结构。注重构建合理的知识结构并培养必要的实践能力是毕业生都应该关注的话题。因为随着全社会就业竞争压力的日益加剧以及大学生就业难现象的日益深化，就业"门槛"越来越高，"知识单一""缺乏实践"和"能力不足"成为导致用人单位不倾向于选择大学生的主要因素。从大学生自身的角度来分析，大学生就业难主要是：在学校教育过程中，学生只注重掌握书本知识，忽略动手能力，重视分数、绩点多过实践能力，只注重专业课的学习而无视了其他各领域知识的摄取，缺乏科学的思维方式，综合素质不高，在社会上缺乏竞争力。然而对于跨境民族地区返乡就业的大学生而言，所构建的知识结构还必须能符合本地区的需要。例如，跨境民族地区地势较高，不能进行大量机器化的农业生产，那么过高的机械化生产技术相关知识就不太适用于本地区。返乡就业的大学生必须明确认识本地区的特征，构建相符合的知识结构。

附录1　云南省大学毕业生基层就业意向调查问卷

调查时间_____　　　问卷编号_____

调 查 员_____　　　样本单位（学校）_____

- -

　　您好！非常感谢您能接受我们的问卷调查。为了了解云南高校毕业生的就业意向情况，我们制作这份调查问卷。调查问卷大概会花您20分钟的时间，希望能够得到您的支持和帮助。以下的调查问卷没有对错之分，只需根据您的实际情况和自己的感受来回答。调查不记名字，个人信息完全保密。感谢您对我们工作的支持！（请调查员在适合的选项中打"√"，在横线和备注栏填写说明文字）

云南省高校毕业生基层就业意向课题组

- -

A. 就业政策的认知

A01. 请问您认为当前大学毕业生就业形势如何？

　　　A. 形势乐观，就业容易　　　　　B. 形势一般，不难就业

　　　C. 形势严峻，就业困难　　　　　D. 不了解

A02. 您对国家所实施的以下基层就业政策的了解程度如何？在后面空格中打"√"，每题请勾选一项。

毕业生就业政策	很不了解	不太了解	一般	比较了解	非常了解
"大学生村官"					
三支一扶					
大学生自主创业					
大学生志愿服务西部计划					
农村教师特岗计划					
中小企业吸纳毕业生					

A03. 面对近年来的"大学生村官"热，在择业时您会考虑当"大学生村官"吗？

    A. 会考虑（跳过第 A04 题）   B. 不会考虑

A04. 若您不会考虑当"大学生村官"是出于下列哪种原因？（可多选）

    A. 受传统观念影响，与个人职业期待不符合

    B. 缺少基层工作经验，难以适应基层工作

    C. 不了解农村复杂的环境和文化

    D. 政策的保障力度不够，职业前景缺乏保障

    E. 大学生村官待遇比较差

    F. 其他（请填写）＿＿＿＿＿＿＿＿

A05. 您认为目前大学生选择担任"大学生村官"的主要原因是什么？（可多选）

    A. 投身基层，服务农村

    B. 就业压力大，作为暂缓之际

    C. 有很多大学生如此选择，应该有可选的价值

    D. 积累基层经验为今后更好发展打下基础

    E. 其他（请填写）＿＿＿＿＿＿＿＿

A06. 您认为国家实施"大学生村官"政策对于缓解大学生就业压力发挥的作用有多大？

    A. 没什么作用   B. 有一些作用

    C. 一般   D. 作用比较大

    E. 作用非常大

A07. 您是否愿意参加"三支一扶"计划？

    A. 愿意   B. 不愿意（跳过第 A08 题）

    C. 不了解这一计划（跳过第 A08 题）

A08. 您愿意参加"三支一扶"计划的主要原因是什么？（可多选）

    A. 政府提供优惠政策和补贴

    B. 当前就业形势严峻，可以作为就业的一个途径

    C. 能够磨炼自己，为职业生涯的发展打下基础

    D. 能够增长见识，积累更多的社会资源

    E. 为贫困地区做贡献，实现自己人生价值

    F. 其他（请填写）＿＿＿＿＿＿＿＿

A09. 您考虑过自主创业吗？

    A. 考虑过，但没有付出行动　　　　B. 考虑过且正在实施

    C. 没考虑过，但今后可能自主创业　D. 不考虑自主创业

A10. 您愿意在哪些地方进行自主创业？

    A. 离开家乡到其他城市　　　　　　B. 返乡创业

A11. 国家出台了一系列的大学生自主创业优惠政策，您认为这些政策对促进大学生创业的作用如何？

    A. 没什么作用　　　　　　　　　　B. 有一些作用

    C. 一般　　　　　　　　　　　　　D. 作用比较大

    E. 作用非常大

A12. 对于大学生创业，您期望当前政府或学校提供哪些帮助？（可多选）

    A. 大学生创业资金支持

    B. 大学生创业技术指导

    C. 加强商务营销的专业知识

    D. 邀请自主创业成功的人士来校交流经验

    E. 简化办事程序，增加办事效率

    F. 其他（请填写）_____

A13. 您愿意参加农村教师特岗计划吗？

    A. 愿意　　　　　　　　　　　　　B. 不愿意（跳过第 A14 题）

    C. 不了解这一计划（跳过第 A14 题）

A14. 您选择特岗教师的主要原因是什么？（可多选）

    A. 我喜欢当老师　　　　　　　　　B. 为了支援落后地区教育

    C. 通过这种方式转为正式教师　　　D. 工作地点离家近

    E. 方便继续攻读教育硕士　　　　　F. 特岗教师工资待遇有吸引力

    G. 先工作看看，再寻找其他机会　　H. 家里人的要求

    I. 同学朋友也考取了特岗教师　　　J. 离男（女）朋友更近

    K. 其他（请填写）_____

A15. 您是否愿意选择到中小企业就业？

    A. 愿意（跳过第 16 题）　　　　　B. 不愿意

A16. 不愿意到中小企业就业，您的主要考虑是什么？（可多选）

  A. 基本工资太低   B. 用工不规范

  C. 党团组织、工会组织不健全   D. 合法权益难以维护

  E. "五险一金"难得到保障   F. 与个人职业价值观不符

  G. 其他（请填写）＿＿＿＿＿＿＿＿

A17. 对于选择到基层就业，你的接受程度如何？

  A. 压根不会考虑   B. 较难接受

  C. 无所谓   D. 能够接受

  E. 愿意前往

B. 就业意愿影响因素

B01. 您认为以下的因素在您就业选择时的重要性程度怎么样？

就业影响要素	很不重要	不太重要	一般	比较重要	非常重要
办公硬件					
工作人文环境					
职业的社会地位					
工作的地点					
工作稳定性					
发展机会					
薪酬福利					
专业对口					

B02. 您所能够接受的最低月薪是多少？

  A. 1500 元及以下   B. 1501～3000 元

  C. 3001～5000 元   D. 5001～8000 元

  E. 8000 元以上

B03. 请问您更倾向于在以下哪个区域就业？

  A. 一线城市   B. 二、三线城市

  C. 县城   D. 乡镇

  E. 农村

B04. 您最低能够接受在以下哪个区域就业？

  A. 一线城市   B. 二、三线城市

  C. 县城   D. 乡镇

E. 农村

B05. 请问您在择业时考虑过户籍因素吗？

A. 有　　　　　　　　　　　　B. 无

B06. 请问您希望的就业方向是什么？（可多选）

A. 政府机关　　　　　　　　　B. 学校及科研机构

C. 其他事业单位　　　　　　　D. 国有企业

E. 外资企业　　　　　　　　　F. 民营企业

G. 部队　　　　　　　　　　　H. 自主创业

I. 其他

B07. 请问您首选的职业方向是什么？

A. 专业技术人员　　　　　　　B. 专业辅助人员

C. 行政管理人员　　　　　　　D. 企业管理人员

E. 工人　　　　　　　　　　　F. 商人

G. 其他

C. 个人职业成长

C01. 你毕业后的期望是什么？

A. 自主创业　　　　　　　　　B. 及时就业

C. 继续升学　　　　　　　　　D. 无所谓

C02. 请问您期望第一份工作要做多长时间？

A. 一年以下　　　　　　　　　B. 一年到三年之间

C. 三年到五年　　　　　　　　D. 五年到十年

E. 十年以上

C03. 您希望人生最终的职业成果为哪方面？

A. 经济收益方面　　　　　　　B. 技术学术方面

C. 社会地位方面　　　　　　　D. 其他

C04. 请问您期望事业成功的年龄多大？

A. 23～28 岁　　　　　　　　　B. 28～33 岁

C. 33～38 岁　　　　　　　　　D. 38～45 岁

E. 45 岁以上

C05. 在你将来从业过程中以下方面对你的重要程度？（在符合情况的方框内划"√"）

影响因素	很不重要	不太重要	一般	比较重要	非常重要
能力提升					
晋升机会					
权力大小					
工作压力					
工作所在地域					
经济收益增加					
人际关系拓展					
拥有自由时间					
变换岗位机会					
兴趣爱好培养					
个人才干发挥空间					

D. 社会因素方面

D01. 请问您认为独生子女因素在就业时所占的比重？

　　A. 很不重要　　　　　　B. 不太重要　　　　　　C. 一般

　　D. 比较重要　　　　　　E. 非常重要

D02. 就业过程中父母亲人的就业意见对你影响有多大？

　　A. 很不重要　　　　　　B. 不太重要　　　　　　C. 一般

　　D. 比较重要　　　　　　E. 非常重要

D03. 请问在您就业过程中能够给您提供帮助的大概有多少人？

　　A. 0 人　　　　　　B. 1～5 人　　　　　　C. 6～10 人　　　　D. 10 人以上

D04. 请问工作本身的体面性与否在您就业选择时的重要性如何？

　　A. 很不重要　　　　　　B. 不太重要　　　　　　C. 一般

　　D. 比较重要　　　　　　E. 非常重要

D05. 请问您认为实际的求职状况和您的职业规划预想的关系如何？

　　A. 相差非常大　　　　　　B. 相差比较大　　　　　　C. 比较一致

　　D. 非常一致　　　　　　E. 没怎么考虑二者关系

D06. 请问您认为招聘单位最看重求职者的哪些方面？（可多选）

　　A. 学校知名度　　　　　　B. 所学专业及成绩　　　　C. 实践和工作经验

　　D. 社会关系　　　　　　E. 沟通表达能力　　　　　F. 外表形象

G. 实际工作能力　　　　　　H. 其他

D07. 您认为求职中最困扰你的因素有哪些？（可多选）

　　A. 专业不对口　　　　　　B. 就业信息不足　　　　　C. 就业政策限制

　　D. 缺乏实践和工作经验　　　　　　　　　　　　　E. 缺乏社会关系

　　F. 不公平竞争，如户籍或性别歧视　　　　　　　G. 缺乏就业技巧

　　H. 其他

D08. 您认为在校期间的专业学习对您就业选择的重要性如何？

　　A. 很不重要　　　　　　B. 不太重要　　　　　　C. 一般

　　D. 比较重要　　　　　　E. 非常重要

E. 个人就业力

E01. 您在校的学习成绩在班级排名平均水平居于哪个层次？

　　A. 前 25%以上　　　B. 25%～50%　　　C. 50%～75%　　　D. 75%以后

E02. 在校期间，是否有担任学生干部的经历（包括班级学生干部和院级、校级学生社团干部或干事）？

　　A. 有　　　　　　B. 无

E03. 在校期间，是否有过有薪兼职工作的经历（如家教、促销、礼仪等）？

　　A. 有　　　　　　B. 无

E04. 在校期间获得过多少个职业资格证书？（包括会计证、人力资源管理师证、报关员证、教师资格证、银行从业资格证等）

　　A. 没有获得过　　　B. 1～3 个　　　C. 4～6 个　　　D. 6 个以上

E05. 在校期间，您曾经获得过多少次的奖学金？（包括学校奖学金、国家励志奖学金、国家奖学金、企业奖学金、国家专项奖学金、个人专项奖学金等）

　　A. 没有获得过　　　B. 1～2 次　　　C. 3～6 次　　　D. 6 次以上

E06. 您已经通过以下多少种英语水平等级考试？（包括英语四级、英语六级、专业四级、专业八级、英语口译、托福、雅思、剑桥商务英语等）

　　A. 没有　　　　B. 1 种　　　C. 2 种　　　D. 3 种

　　E. 4 种　　　　F. 5 种　　　G. 5 种以上

E07. 您是否已经通过以下一种或几种计算机水平等级考试？（可多选）

　　A. 未曾通过　　　B. 计算机 1 级　　　C. 计算机 2 级

　　D. 计算 3 级以上　　　E. 其他

E08. 您在大学就读期间是否有过实习经历？

  A. 有   B. 无（跳至第 E10 题）

E09. 您实习的工作单位属于什么类型？（可多选）

  A. 政府机关   B. 学校及科研单位   C. 其他事业单位

  D. 国有企业   E. 民企或私企   F. 基层服务项目

  G. 其他

E10. 在校就读期间，您与辅导员（或班主任）联系的密切程度怎样？

  A. 基本没联系   B. 有些联系   C. 联系一般

  D. 联系较多   E. 联系很多

E11. 在校就读期间，您是否就已经为自己制定过就业规划？

  A. 制定过   B. 没有制定过

E12. 您是否为获取理想职业而专门地训练过这些方面的能力：社会实践能力、语言表达能力、创新能力、管理能力、文字写作能力、团队协作能力、信息获取能力？

  A. 训练过   B. 没有训练

F. 成功就业的影响因素

F01. 您是否已经成功就业？

  A. 已经签订或确定就业单位   B. 尚未确定就业单位（跳过 F 部分）

F02. 您的协议就业单位的地区属于？

  A. 一线城市   B. 二、三线城市   C. 县城

  D. 乡镇   E. 农村

F03. 您的协议就业单位属于以下哪类？

  A. 政府机关   B. 学校及科研机构   C. 其他事业单位

  D. 国有企业   E. 外资企业   F. 民营企业

  G. 部队   H. 自主创业   I. 其他

F04. 您就业的方式是什么？

  A. 报考公务员   B. 报考事业单位   C. 投递简历

  D. 参加招聘会   E. 亲人熟人介绍   F. 朋友同学介绍

  G. 其他

F05. 在最终确定就业单位时，您最主要考虑因素是什么？

A. 办公硬件　　　　　B. 工作人文环境　　　　C. 职业社会地位

D. 工作稳定性　　　　E. 就业的地点　　　　　F. 发展的机会

G. 薪酬福利　　　　　H. 专业对口　　　　　　I. 先就业再择业

J. 其他

F06. 根据您成功就业的经验，您希望学校在就业指导上做出哪些改进？

A. 提供就业信息　　　B. 召开就业招聘会　　　C. 就业技巧培训

D. 讲解就业政策　　　E. 职业规划设计　　　　F. 就业观念引导

G. 应聘模拟训练　　　H. 其他

F07. 在获取第一份正式工作之前，您尝试过多少次求职经历？

A. 一次　　　　　　B. 二次　　　　　C. 三次　　　　　D. 三次以上

F08. 您认为下列哪些就业政策对您的求职帮助最大？（可多选）

A. 应征入伍　　　　　　　　　B. 鼓励大学生基层就业

C. 鼓励大学生中西部就业　　　D. 中小企业吸纳毕业生

E. 毕业生自主创业　　　　　　F. 困难学生就业帮扶

G. 毕业生见习制度　　　　　　H. 特岗教师计划

I. 大学生村官　　　　　　　　J. 其他

F09. 您认为您的成功就业主要得益于哪些因素？（可多选）

A. 学习专业知识　　B. 社会实践和工作经验　　C. 学校知名度和地位

D. 语言表达能力　　E. 文字写作能力　　　　　F. 外语能力

G. 计算机能力　　　H. 外表形象和举止　　　　I. 个人的社会关系

J. 个人的家庭关系　K. 专业优势　　　　　　　L. 其他

G. 返乡就业意愿

G01. 您的返乡就业意愿如何？

A. 从未想过　　　　　B. 不太强烈　　　　　C. 意愿一般

D. 比较强烈　　　　　E. 非常强烈

G02. 如果您愿意选择返乡就业，您的主要考虑是什么？（可多选）

A. 外地就业压力大，返乡就业机会多

B. 国家政策支持，返乡有更广阔的发展前景

C. 自身的志愿，个人的职业发展规划

D. 方便照顾父母

  E. 返乡就业的生活成本低

  F. 亲戚朋友和同学比较多，社会关系支撑比较强

  G. 家乡经济的发展，反而能够提供更大的职业空间

  H. 离家比较近，回家比较方便

  I. 其他（请填写）_____

G03. 如若您返乡就业，您希望政府提供哪些政策支持？（可多选）

  A. 就业技能培训或创业培训 B. 税费优惠、减免

  C. 提高薪酬福利 D. 设立创业扶持基金

  E. 进行创业技术指导 F. 办事程序上的简化高效

  G. 扩大就业渠道，增加就业机会 H. 提供更多的就业信息

  I. 其他（请填写）_____

G04. 如若您返乡就业，您期望的就业方向是什么？

  A. 政府机关 B. 学校及科研机构 C. 其他事业单位

  D. 国有企业 E. 外资企业 F. 民营企业

  G. 自主创业 H. 其他

G05. 如若您返乡就业，您期望的职业方向是什么？

  A. 专业技术人员 B. 专业辅助人员 C. 行政管理人员

  D. 企业管理人员 E. 工人 F. 商人

  G. 其他

G06. 如若您返乡就业，您所能接受的最低月薪是多少？

  A. 1500 元及以下 B. 1501～3000 元 C. 3001～5000 元

  D. 5001～8000 元 E. 8000 元以上

G07. 请问您认为制约当前大学生返乡就业的因素有哪些？（可多选）

  A. 薪酬福利水平低 B. 地区欠发达 C. 发展前景小

  D. 社会认同感低 E. 父母不同意 F. 专业不对口

  G. 能力较缺乏 H. 个人观念无法转变 I. 对象的工作无法解决

  J. 其他

H. 个人自然情况

H01. 您的性别？

　　　　A. 女　　　　　　　　B. 男

H02. 您是否为独生子女？

　　　　A. 是　　　　　　　　B. 否

H03. 您的民族？

　　　　A. 汉族　　　　　　　　B. 少数民族（请注明）

H04. 您的政治面貌？

　　　　A. 共产党员　　　　B. 共青团员　　　　C. 民主党派　　　　D. 普通群众

H05. 您所学的专业？

　　　　A. 哲学类　　　　　B. 经济学类　　　　C. 法学类　　　　D. 教育学类

　　　　E. 文学类　　　　　F. 史学类　　　　　G. 理学类　　　　H. 工学类

　　　　I. 医学类　　　　　J. 农学类　　　　　K. 管理学类　　　　L. 其他

H06. 您的生源地？

　　　　A. 云南省外　　　　　　　B. 保山市　　　　　　　C. 红河哈尼族彝族自治州

　　　　D. 文山壮族苗族自治州　　E. 普洱市　　　　　　　F. 西双版纳傣族自治州

　　　　G. 德宏傣族景颇族自治州　H. 怒江傈僳族自治州　I. 临沧市

　　　　J. 云南省内其他州市

H07. 您的家庭生活的区域是哪里？

　　　　A. 城市　　　　　　　　B. 乡镇　　　　　　　　C. 农村

H09. 您父母受教育程度？（填写两人中最高学历）

　　　　A. 研究生学历　　　　B. 大学本科学历　　C. 大学专科学历

　　　　D. 高中学历　　　　　E. 初中学历　　　　F. 小学

　　　　G. 未受过教育

H10. 您家庭的主要经济来源？

　　　　A. 农业生产收入　　B. 打工收入　　C. 单位工资收入　　　D. 经商收入

H11. 您在校期间的主要学费来源是？

　　　　A. 父母供给　　　B. 助学贷款　　C. 助学金、奖学金　　D. 兼职收入

H13. 您在校期间每个月生活费平均花销大约是多少？

　　　　A. 2000 元以上　　　B. 1500～2000 元　　　C. 1000～1500 元

　　　　D. 500～1000 元　　　E. 500 元以下

　　非常感谢您的作答！

问卷编号：＿＿＿＿＿＿＿＿样本序号：＿＿＿＿＿＿＿＿调查地点：＿＿＿＿＿＿

附录2　云南跨境民族地区大学生返乡就业调查问卷

亲爱的女士/先生：

您好！感谢您抽出宝贵的时间参与我们的调查。本次调查不记名，回答不涉及是非对错，请根据您真实的想法作答，将所选答案填写在横线上。您的回答将有助于我们进一步完善边疆地区大学生的就业机制。感谢您的支持与配合！

国家社科基金《云南跨境民族地区大学生返乡就业研究》课题组

[调查对象]　＿＿＿＿＿＿＿＿＿＿

[反馈方式]（如是电子版，请您直接将完成的问卷发至课题组联系邮箱）

一、基本情况

1. 毕业学校				2. 毕业时间	
3. 是否独生子		4. 民族		5. 性别	6. 政治面貌
7. 生源地					
8. 现工作单位				9. 现任职务/职称	

二、个人就业能力

10. 您所就读的学校属于＿＿＿＿＿＿＿。

　　　①本一　　　　　　　②本二　　　　　　　③本三

11. 您所读的专业属于＿＿＿＿＿＿＿。

　　　①哲学　　　②经济学　　　　③法学　　　　④教育学　　　　⑤文学

　　　⑥历史学　　⑦理学　　　　　⑧工学　　　　⑨军事学　　　　⑩医学

　　　⑪管理学

12. 您在校学习成绩在班级的排名_____。

　　①前 25%　　　　　　②25%～50%　　　　　③50%之后

13. 您在大学获得奖学金的情况_____。

　　①4 次以上　　　　　　②1～3 次　　　　　　③没有

14. 您在校拥有的技术证书情况（不含英语类）_____。

　　①3 个以上　　　　　　②1～2 个　　　　　　③没有

15. 您大学英语过级的情况_____。

　　①获得全国大学英语六级证书　　　　　②获得全国大学英语四级证书

　　③无四、六级证书

16. 在校期间，您是否担任过学生干部（含学生社团干部）_____。

　　①是　　　　　　　　　②否

17. 在校期间，您是否有兼职经历_____。

　　①是　　　　　　　　　②否

18. 您认为在以下素质中，您的强项是（最多选 3 项）_____。

　　①人际交往能力　　　②表达能力　　　　　③奉献精神

　　④管理能力　　　　　⑤团队协作能力　　　⑥创业能力

　　⑦适应能力　　　　　⑧自学能力　　　　　⑨解决实际问题的能力

　　⑩综合分析能力

19. 您认为在以下素质中，您的弱项是（最多选 3 项）_____。

　　①人际交往能力　　　②表达能力　　　　　③奉献精神

　　④管理能力　　　　　⑤团队协作能力　　　⑥创业能力

　　⑦适应能力　　　　　⑧自学能力　　　　　⑨解决实际问题的能力

　　⑩综合分析能力

20. 您成功就业的因素是（最多选 3 项）_____。

　　①专业知识　　　　　②实践和工作经验　　③沟通表达能力

　　④外表及形象　　　　⑤学校知名度　　　　⑥计算机能力

　　⑦外语能力　　　　　⑧用人单位需要　　　⑨父母亲属的帮助

三、家庭情况

21. 您父亲（退休前）的职业（参看备选）_____，职务_____；

您母亲（退休前）的职业（参看备选）_____，职务_____。

备选"职业"：①专业技术人员（工程师、会计师、教师、医生、律师等）
②技术辅助人员（技术员、护士、秘书、出纳等）　③各类行政管理人员
④企业管理人员（经理等）　⑤工人　　⑥农民　　⑦商人　　⑧无业

备选"职务"：①地厅级　　②县处级　　③乡科级　④企业高层管理干部
⑤企业中层管理干部　　⑥无

22. 您父亲的文化程度_____；您母亲的文化程度_____。
①本科及以上　　　　②专科　　　　　③中专或高中
④初中　　　　　　　⑤小学及以下

23. 父母或亲属在您寻找工作中所起的作用_____。
①非常大　　　　　②一般　　　　　③没有

四、高校就业指导服务与求职情况

24. 学校开设与就业指导相关课程对您就业的帮助_____。
①非常大　　　　　②一般　　　　　③没有

25. 请按您认为的重要程度依次排列高校就业指导工作_____。
①职业生涯规划指导　②就业心理指导　　③就业程序与技巧指导
④就业形势与政策指导　⑤礼仪培训　　　⑥就业需求信息（包括招聘会）

26. 您是通过哪些方式获取就业信息的？请把序号填在后面_____。
①本校就业信息网　　②报纸刊物　　　③家人老师同学朋友告知
④其他就业信息网　　⑤招聘会　　　　⑥通过实习或社会实践
⑦人才交流中心、职业介绍机构

27. 您认为找工作最有效的方式是_____。
①大型综合类招聘会　②小型专门市场招聘会　③通过实习或社会实践
④电视网络招聘　　　⑤亲朋好友的推荐　　⑥老师的推荐
⑦委托代理人　　　　⑧自己的努力

28. 您用于求职的费用（包括简历制作、着装、路费等）大概在_____。
①500元以下　　②500～1500元　③1500元～5000元　④5000元以上

29. 您求职的次数_____。
①3次以内　　②3～9次　　　③10～19次　　④20次以上

30. 您求职岗位的区域_____。

　　①生源地所辖州市　　　②不限定区域　　　③大中城市　　　　④大学所在地

五、返乡就业情况（返乡就业指回到生源地所辖州市工作。）

31. 您如何看待跨境民族地区大学生返乡就业？_____。

　　①非常必要　　　　　②说不清　　　　　　③应该去更好的地方就业

32. 您认为解决返乡就业的问题，主要依靠（限选 3 项）：_____。

　　①国家政策引导　　　②地方特殊优惠政策

　　③提高就业者素质　　④高校合理的课程设置

33. 您选择回到家乡就业主要是因为（限选 3 项）_____。

　　①为家乡做点事　　　②父母的意愿　　　　③大城市竞争激烈

　　④是家中独生子女　　⑤恋爱对象在家乡　　⑥迫于就业压力

　　⑦专业、岗位限制　　⑧喜欢家乡的生活方式　⑨政策限制

34. 您从毕业到现在已经变换过几次工作_____。

　　①0 次　　　　　　　②1 次　　　　　③2～3 次　　　　④4 次以上

35. 您所在单位的性质是_____。

　　①国家机关　　　　　②事业单位　　　③国有企业　　　　④私营企业

　　⑤自主创业　　　　　⑥自由职业　　　⑦社会团体　　　　⑧其他

36. 目前的工作与您所学的专业_____。

　　①完全对口　　　　　②比较对口　　　③不太对口　　　　④完全不对口

37. 您对目前的工作满意度_____。

　　①满意（跳至 39 题）　　②凑合，有个工作不容易　　③不满意，以后再换

38. 您对目前的工作不满意，是因为（可多选）_____。

　　①更喜欢大城市的生活　　②渴望自主创业　　　　③专业不对口

　　④不能发挥自己的所长　　⑤工作环境氛围不好　　⑥薪酬太低

　　⑦个人没有发展前途　　　⑧行业没有发展前景　　⑨其他

39. 针对跨境民族地区大学生返乡就业这个话题，您有一些什么样的见解？

_____

六、其他方面

40. 哪个就业政策最有助于您就业_____。

　　①应征入伍　　　　　　②大学生村官　　　　③特岗教师

　　④困难学生就业帮扶　　⑤鼓励毕业生自主创业　⑥毕业生见习制度

　　⑦中小企业吸纳毕业生　⑧鼓励毕业生到基层和中西部就业

　　⑨顶岗实习　　　　　　⑩其他

41. 影响跨境民族地区大学毕业生（特别是少数民族）就业困难的主要原因是

　　①就业观念　　　　　　②知识文化水平　　　③个人的综合能力

　　④惰性　　　　　　　　⑤家乡就业岗位少　　⑥社会关系欠缺

　　⑦其他

42. 您所属的州市为了吸引本地大学毕业生返乡就业，采取了哪些措施?

　　_____

附录3 云南跨境民族地区大学生返乡就业访谈提纲

一、首先介绍自己的信息，建立关系。询问访谈对象的基本信息。

二、访谈的内容参考

（一）有关跨境民族地区大学生就业政策

1. 您知道少数民族就业优惠政策吗？您享受了吗？

2. 如果您是一个政策的制定者，您会制定一项什么样的政策来鼓励大学生到这里来就业？

（二）有关跨境民族地区学生的个人就业力

1. 您在就业中有没有感觉到您的能力是用人单位首选的条件？

2. 您自身最大的优势和劣势在哪儿？举个例子。

3. 您大学所学的专业是什么？现在还在从事本专业工作吗？专业学习有助于您就业吗？

4. （男）您会因为是男性而比女性的竞争优势更大吗？或者说您在就业中有没有因为性别而比其他女性具有优先权？（女）在就业过程中有没有遭遇性别歧视？

（三）有关职业愿景与个人工作业绩的关系

1. 毕业时你最希望的岗位是什么？

2. 现在的状态（包括职务职称）与之前的想象有多少联系？

3. 您对现在的工作满意吗？

4. 如果再让您回到毕业选择时，您会做出什么样的选择？

（四）有关社会资本对个人就业的影响

1. 是什么原因使您能找到目前的工作？或者说您的就业是父母或者亲属帮

忙的吗？

2. 您认为你找到满意的工作主要是因为家庭的原因还是您个人的能力（如有社会资本）？

3. 在找工作的时候，您的想法是：a. 找不到好工作就不着急就业；b. 您期待的月薪比同班的其他同学高；c. 您基本没有自己主动去寻找过就业岗位。

4. 您认为当时您的成功就业是因为您家人的社会地位还是因为你们家的财力？

（五）有关跨境民族地区学生的获取就业信息的途径

1. 您就业的信息是从哪里获得的？

2. 您认为学校或者其他部门还可以从哪些方面提高服务毕业生的能力？

（六）有关跨境民族地区就业市场需求情况

1. 当地各种岗位还需要大学生吗？

2. "桥头堡战略"对你们地区的发展会有什么促进作用？会需要大批大学生人才？

（七）有关跨境民族地区的传统观念与返乡就业的关系

1. 家里有几个孩子？您是第几个孩子？您是家里唯一的男孩吗？

2. 您的就业选择与父母的要求有关吗？

3. 当地有一些什么风俗会影响您的就业选择？

（八）有关高校就业指导课程的设置

1. 你们学校开设就业指导课吗？有作用吗？

2. 您希望的就业指导课应该是什么样的？

（九）有关劳动力市场分割理论

1. 您留在城市的想法是什么？

2. 您当时有没有想以后还是要到大城市？现在呢？为什么？

其他：还可以通过访谈职业变化的轨迹；职业生涯中最重要的事件（最难忘的一段工作经历）；影响您工作作风或者说是工作风格的人。